Das Buch:
Dieses Buch hat das Bestreben, zu verdeutlichen, welche entscheidende Bedeutung die Radioaktivität für alle Umwandlungsprozesse im Kosmos hat – vor allem aber, dass Wandlung in unserem Bewusstsein sowie Höherpotenzierung dessen nur über (radioaktive) Einstrahlungen möglich ist und erfolgen kann.

Fragen oder Anregungen sind erwünscht unter *dr.smig@web.de*.

Der Autor:
Prof. Dr. Werner Smigelski, geb. 1929 in Leipzig ist emeritierter Hochschulprofessor. Vor über 30 Jahren wandte er sich auf innere Eingebung der Mystik zu und lebt seitdem zurückgezogen in der Eifel. Er empfängt seitdem spirituelle Durchsagen und ist ein detaillierter Kenner der mystischen Überlieferungen aller Weltreligionen. Die zentrale Botschaft in seinen Werken ist eine Zusammenschau wichtiger spiritueller Texte zum Inneren Weg, die im Kern aller Überlieferungen offenbar werdende und im göttlichen Geheimnis selbst begründete wesentliche Einheit aller Religion. Die Erschließung dieser bisher eher fragmentarisch nebeneinander stehenden Überlieferungen für eine heute – im Zuge einer spirituellen „Globalisierung" – anstehende religiöse Neubesinnung ist das Anliegen seiner Schriften, die allen denen gewidmet sind, die einen tieferen Einblick in den großen Sinnzusammenhang der Menschheit als Teil des Universums suchen.

Vom gleichen Autor sind erschienen:
- *Telepathie – Kommunikation der Zukunft*, ISBN 3-8334-3158-X
- *Der Traum des Jakob*, ISBN 3-86548-488-3
  (unter dem Pseudonym Anonymos)
- *Wege zur Erleuchtung – zwischen Selbsterkenntnis und Verblendung*,
  ISBN 978-3-8334-6984-8
- *Inkarnation*, ISBN 978-3-8334-8509-1
- *Schöpfung*, ISBN 978-3-8370-4821-6
- *Unschärferelation von Geist und Materie*, ISBN-13: 978-3-8370-9706-1
- *Krankheit als Bewusstseinsgenese / Heilung durch Selbsterkenntnis*,
  ISBN-13: 978-3-7460-4963-2
- *Ätherleib und Quantenbewusstsein*, ISBN-13: 978-3839182833
- *Energie, Substanz, Bewusstsein: Versuch einer Definitionsfixierung als Brückenschlag zwischen Physik und Spiritualität*, ISBN: 978-3-7460-6195-5
- *Autoimmunerkrankungen und Ätherleib*, ISBN: 978-3-7460-6238-9

RADIOAKTIVITÄT

Funktion aller Umwandlungsprozesse im Kosmos

1. Auflage 2015 © Prof. Dr. Werner Smigelski

Alle Rechte liegen beim Autor
Herstellung und Verlag: BoD - Books on Demand, Norderstedt

ISBN 978-3-7460-6239-6

Buchgestaltung:
tastdesign, Düsseldorf, www.tastdesign.de
Umschlagbild: Fotolia

Bibliografische Information Der Deutschen Bibliothek:
Die Deutsche Bibliothek verzeichnet diese Publikation in der Deutschen
Nationalenbibliografie; detaillierte bibliografische Daten sind im Internet
über <http://dnb.ddb.de> abrufbar.

Inhalt

TEIL III

EINLEITUNG

„Mit **Radioaktivität** *(lat. radius = ‚Strahl' und activus = ‚tätig', ‚wirksam'; dt.: Strahlungsaktivität) bezeichnet man die Eigenschaft instabiler Atomkerne, sich spontan in andere Atomkerne umzuwandeln und dabei ionisierende Strahlung auszusenden.*

In der Alltagssprache und in öffentlichen Diskussionen werden die Bezeichnungen Radioaktivität und Strahlung oft synonym oder in unpassender Kombination verwendet. So wird oft von radioaktiver Strahlung gesprochen. Diese Wortkombination ist **genau genommen falsch***, denn nicht die Strahlung selbst ist radioaktiv, sondern die Substanzen (Strahler), aus denen sie austritt; gemeint ist also* **Strahlung radioaktiver Substanzen (genauer: ionisierende Strahlung radioaktiver Substanzen).***"* Wikipedia

Seitdem die wissenschaftliche Forschung die Radioaktivität gewisser Substanzen auf Erden entdeckt hat und man feststellte, dass alle Substanzen ab einer gewissen Stufe in ihrer Evolution zu „strahlen" beginnen, findet die Erforschung der „Strahlungsgesetze" große Beachtung. „Radioaktivität" beruht auf ionisierenden Strahlungen wie Alpha-, Beta- und Gammastrahlung, allerdings auch auf **kosmischen Strahlungen**. Es handelt sich dabei um kurzwellige Strahlung, die Atome durch ihr Auftreffen ionisiert, d.h. Elektronen von ihnen abspaltet oder hinzufügt, so dass die positiv geladenen Protonen des „Kerns" und die negativ geladenen Elektronen der „Schale" einander nicht mehr neutralisieren und das Atom als Ganzes negativ oder positiv elektrisch geladen ist.

Dabei ist die von der spirituellen Ur-Monade[1] ausgehende **Urenergie** Ausgangspunkt und Zielpunkt aller Gestaltungsprozesse im Universum; diese setzt die teleologische Dynamik sämtlicher Gestaltungsprozesse und der damit verbundenen Zustandsveränderungen in Gang und erhält diese aufrecht. **Im Kosmos tritt diese Urenergie aktuell in zwei polaren Erscheinungsformen auf: als positiv geladene elektrische Strahlung und als negativ geladene elektro-magnetische Strahlung.** Alle gestaltbildenden Prozesse werden über den Antagonismus von positiv-elektrischer

---

1 Eine **Monade** ist das in sich geschlossene Ergebnis eines gestaltbildenden Prozesses. Die Monade bildet eine **Einheit höherer Ordnung** und ist insofern mehr als die Summe der sie konstituierenden Teile.

Energie (Gestaltungswille) und negativ-magnetischer Anziehung (Gestaltwerdung) durch die zu gestaltende Substanz gesteuert. Der Aufbau einer strukturellen Einheit geht also über die positiv-elektrische Energie als gestaltenden Willen, der sich aber nur durch Verschmelzung mit seinem Gegenpol, der magnetisch-anziehenden Substanz, manifestieren kann.

Am Anfang steht der Impuls der Urenergie als der WILLE, die Schöpfung zu erschaffen. Dieser positiv zeugende Ur-Impuls wird synchron mit dem GEIST als dem Ideenträger und planenden Bewusstsein und mithilfe der damit verbundenen anziehenden negativ-empfangenden elektromagnetischen Strahlung der SUBSTANZ gestaltend wirksam. **Dabei empfängt die Substanz über den Willensimpuls ihre Erschaffung und durch den damit verbundenen Geist (Ideen) ihre gleichzeitige Bestimmung, sowie über die gestaltgebende Instanz der Schöpfung** (d.h. über deren negativ-empfangende elektromagnetische Anziehungskraft) **Gestalt, Struktur, Bedeutung und Sinn**.

Energie-Strahlen sind als „Urenergie" im Universum in ständig zirkulierender Bewegung und zugleich der Ausdruck eines fortschreitenden zyklischen Geschehens von zunehmender Intensität. Denn **Strahlen** sind nicht nur Kanäle, durch die alles SEIN flutet, sondern auch als

Einflusskräfte zu verstehen, die in einem rhythmischen Wechsel an der Schöpfung „mitarbeiten". Auf diese Weise vibriert alles im Universum in hierarchisch strukturierten Bewusstseinsbereichen von unterschiedlichen Schwingungsfrequenzen, so auch in der Bewusstseinsdimension des **Kosmos** (vom Atom bis hin zur Galaxie), wodurch Geist und Substanz sich im Kosmos in einem gegenseitigen Kraftaustausch befinden. Dabei vereint der aus dem höchsten Schöpfungsprinzip stammende „göttliche Funke" potentiell alle Strahlenkräfte in sich. Denn nur über diese Bewusstseins-Transformationen wird die gesamte Schöpfungssubstanz erstellt.

TEIL I

STRAHLUNG

Der **Begriff Strahlung**[2] bezeichnet in der Physik die Ausbreitung von Teilchen oder Wellen. Im ersten Fall spricht man von *Korpuskularstrahlung* oder Teilchenstrahlung, im zweiten von *Wellenstrahlung*. Strahlungsimpulse haben immer eine Richtung und transportieren Energie: Strahlungsteilchen als Masse oder Bewusstseinsinformationen. Wenn zwei Körper von gleicher Temperatur einander gleich viel Energie pro Zeiteinheit zustrahlen, findet „netto" kein Transport statt, sondern es besteht *Strahlungsgleichgewicht.* Trifft eine Strahlung auf ein Hindernis, wird sie entweder absorbiert, umgewandelt, unbeeinflusst transmittiert (hindurch gelassen), gestreut oder reflektiert (zurückgeworfen); Man spricht dann von Remissionen. Die historische Debatte, ob Lichtstrahlen aus Teilchen oder Wellen bestehen, wurde in der Quantentheorie damit beantwortet, dass ein Lichtstrahl aus Photonen besteht, deren Fokus im Rahmen der Quantenmechanik durch eine „Wahrscheinlichkeitswelle" beschrieben wird. Diese Wahrscheinlichkeitswellen können miteinander interferieren (siehe Doppelspaltversuch). In der Theorie der Materiewellen wurde gezeigt, dass jedem Teilchen eine Wellenlänge zugeordnet werden kann. Dies erklärt, warum zum Beispiel ein Elektronenstrahl auch Interferenzphänomene zeigt. (Siehe auch Welle-Teilchen-Dualismus).

---

2 „Spirituelles Feuer" bei Bailey – „Potentia" bei Heisenberg

Zu den „Transmitterstrahlen" gehören im Kosmos auch die Röntgenstrahlen, über die man sich in Zukunft auch in andere „Dimensionen" wird versetzen können. Der Ansatz zum Verstehen solcher Kräfte ist ferner das Prinzip der **Laserstrahlen** als Kombinationen und Bündelungen von Energien. Denn im Laser findet man das Prinzip der „Resonanz" im Licht wieder. Es wird eine einheitlich schwingende, das Licht tragende „Vakuumwelle" angeregt, worüber man Materie und Licht begreifen könnte wie die Musik eines verborgenen, nichtmateriellen Instruments. Materie ist verdichtetes Licht, aus Schwingungen aufgebaut; darum findet das Rätsel der Zustände im Innern der Materie seine Auflösung durch Begriffe wie Eigenschwingung, Eigenfrequenz und Resonanz. Denn im Atom sind gebundene Elektronen trägerfreie Schwingungen, genau wie Bewusstsein eine „trägerfreie Energie" ist. So ist auch die „sogenannte Gravitation" die Wirkung einer masse- und wellenlosen Energieverstrahlung aus den Gestirnen im Kosmos, wo die Materie kraft unvorstellbaren Drucks radial nach allen Seiten verstrahlt. Diese Kernverstrahlungs-Felder sind der „Baustoff der Welt", die sublime Raumenergie eines radialen Urfeldes. Noch begreift man überhaupt nicht die enorme kosmische Hitze, die durch das „Feuer" der Urenergie im Kosmos freigesetzt wird.

Werner K. Heisenberg spricht in diesem Zusammenhang von der hintergründigen **„Potentia"** als einem Kraftbereich außerhalb von Raum und Zeit, einem transzendenten Wirkungsbereich oder **„Quantenraum"**, in welchem die Ideen („Quantenwellen") wie die Platonischen Archetypen im transzendenten Bereich des Bewusstseins präexistieren.

Es handelt sich bei der „Potentia" immer um „Strahlung der Essenz", die über radioaktive Energie in einer begrenzten Monade eine Stimulierung bewirkt und über den Grenzring dieser Monade (d.h. über deren eigene Peripherie) hinaus strahlt. Denn Strahlung ist die von allen Formen in den Naturreichen hervorgebrachte äußere Wirkung, die immer dann eintritt, wenn die interne Aktivität dieser Formen eine so hohe Schwingungsfrequenz erreicht hat, dass die äußeren Begrenzungen der Form die Schwingungen nicht länger „gefangen" zu halten vermögen, sondern ihre „subjektive Essenz" entweichen lassen. Das ist dann das Kennzeichen, dass im Evolutionsprozess jeder gestalteten Substanz eine ganz bestimmte Stufe erreicht wurde, was bedeutet, dass die „Potentia" oder der „Ätherleib" einer Gestalt – womit die alles bestimmende „energetische Essenz" einer Gestaltung gemeint ist – ihren gegenwärtigen Entwicklungsstand über Strahlungen „wahrnehmbar" macht.

Alice Bailey spricht in diesem Zusammenhang vom **„Spirituellen Feuer"** als Urenergie im Schöpfungsvorgang. Die heutige Wissenschaft versteht einigermaßen, was *„Feuer durch Reibung"* ist, weil dieses *„Feuer"* seit Menschengedenken für alle irdischen Belange (Wärme, Licht und Bewegung) genutzt wird. Erst die Physik des 20. Jh. beschäftigte sich erstmalig mit dem „Feuer" als einem naturwissenschaftlichen Objekt, und die Forschung ist dabei, das Rätsel des „atomaren Feuers", der „Atomenergie", zu entschlüsseln, wobei dieses *„spirituelle Feuer"* nach wie vor ein Geheimnis bleibt und als Gegenstand der Erforschung bei der Physik noch gar nicht wirklich „angekommen" ist (Unschärferelation, multidimensionale Weltmodelle, Weltäther etc.).

In der klassischen Physik wird jede Bewegung durch die sie steuernden Kräfte bestimmt. Sobald wir Position und Geschwindigkeit eines Objektes zu einem bestimmten Zeitpunkt kennen, können wir mit Hilfe der Newton'schen Bewegungsgleichung seine Bahn berechnen. Der „Unschärferelation" zufolge, die in die deterministische Philosophie wie eine Bombe einschlug, haben wir es dagegen nur mit **Wahrscheinlichkeiten** zu tun – mit Quantensprüngen und Nicht-Lokalitäten.

Immerhin sprechen Quantenphysiker bereits von einer „Umhüllung" der Galaxien, die durch Reibung schwerer Elemente zu millionen Grad heißen Röntgenstrahlen angeregt wird, wobei zwar die Wissenschaftler noch immer nicht wissen, was diese „Umhüllung" („spirituelles Feuer") wirklich ist, weil die „Strahlung" der Urenergie im Kosmos weder sichtbar noch messbar ist und alle kosmischen Maßvorstellungen weit überschreitet. Aber diese Urenergie erhält das gesamte Universum am Leben, ist über Röntgenstrahlen bereits erfahrbar und in der Atomspaltung sogar „praktizierbar", – was allerdings nicht bedeutet, dass sie auch schon verstehbar wäre. Allerdings ist die Urenergie in „Negativversuchen" der Forschung über gewisse „Symptome" sowie in der Atomspaltung nachweisbar, ohne dass man dabei wirklich weiß, was für Energien dabei freigesetzt werden.

RAUMENERGIE-FELDER

In diesem Prozess treffen also das *„kosmische Reibungsfeuer"* der elektrifizierten Materie und das *„spirituelle Feuer des Geistes"* aufeinander und verschmelzen, wobei neue Gestaltungen einerseits zwar in Erscheinung treten können, andererseits aber auch über das gerichtete Bewusstsein im Prozess der evolutionären Umwandlung in ihre ursprüngliche Strahlung zurückverwandelt werden können. Dynamisch-elektrische Manifestation im Kosmos wird als quasi „physische Elektrizität" von der Spiritualität des Geistes durchdrungen, welche die Materie im Kosmos belebt, färbt und sich als vitale Hitze, Aktivität und Strahlung auswirkt.

Die dabei freigesetzten Essenzen werden dadurch zu „Leitern" jener „größeren Kraft" (Kettenreaktionen), die ein jeweils höheres magnetisches Zentrum bildet. Diese „Empfänglichkeit" ist es auch, die bei einer Bearbeitung von radioaktiven Substanzen oft zu Unfällen führen kann; denn jedes radioaktive Atom wird aufgrund dieser Leitungsfähigkeit zu einem Kraftauslöser, wobei „Radioaktivität" lediglich das Kennzeichen dafür ist, dass im Evolutionsprozess die Stufe einer „Umwandlung" erreicht worden ist. Das gilt für alle Energieprozesse in den drei Naturreichen (Mineralisches, pflanzliches und animalisches Naturreich) und ist das „Feuer des göttlichen Impulses", das alle Formen durchdringt und zu bestimmten Aktionen und Leistungen antreibt.

Denn der gesamte Kosmos ist von einem **Energie-Strahlenfeld** durchflutet, das man bisher als *„Äther"* oder *„Prana"* bezeichnet hat. Heute verwendet man in der Physik dafür Begriffe wie *Nullpunktenergie, Skalarfelder, Tachyonenfelder, Neutrino-Ozean, Quantenäther* oder *Schwerkraftfelder*. Im Kosmos sind alle Gestirne aus dieser „Raumenergie" geschaffen und lösen sich über eine Kernverstrahlung auch wieder in Raumenergie auf. Denn **„Raumenergie ist der Baustoff des Weltwillens"** (F. H. Krause). Dabei wird im Kosmos das „Absolute", das spirituelle Innen, durch ständige Veränderungen im Außen „verhüllt", wobei das Kernverstrahlungs-Feld selbst immer das unveränderte Absolute bleibt, allerdings nicht dessen Intensität. Darum soll der Begriff „Materie" dahin zurückgegeben werden, wo ihn die östlichen Schulen immer gebraucht haben, nämlich als „uranfänglicher Äther". Das ist jenes unberührbare Etwas, welches die Basis aller berührbaren, materiell-wahrnehmbaren Dinge ist. Denn das Wort „Substanz" selber meint immer „das, was unten steht" oder, „was hinter den Dingen liegt".

Daher ist der Äther das Medium, in dem Energie oder Kraft wirkt oder sich wahrnehmen lässt. Sprechen wir über Energie und Substanz, dann betrachten wir das, was jetzt noch ungreifbar ist. Und wir gebrauchen Kraft im Zusammenhang mit Materie. **Substanz** („Potentia") ist der Äther in einem seiner vielen Grade und auch das, was hinter der Materie selber liegt.

Diese Energiestrahlenfelder haben immer eine radiale Struktur, die einerseits die Zunahme der Dichte eines Körpers bestimmt und andererseits Anziehungskraft und Abstoßungskraft aller Gebilde im Kosmos als Ergebnis der Grundwirkung des Verstrahlungsfeldes bewirkt. Denn dieses radiale Kernverstrahlungs-Feld ist die Ursache für die Anziehungskraft oder Abstoßung der Gestirne, wobei diese wiederum im Kosmos ständig „Raum-Energie" verstrahlen. Auf diese Weise hält das Raumenergie-Feld eines jeden Gestirns über seine Intensität den Abstand zu den Nachbargestirnen, wodurch sich aus den jeweiligen zu- und abnehmenden Intensitäten ihrer Energiefelder zwangsläufig eine Bewegung jedes kosmischen Gestirns in die Richtung ergibt, aus der die Verstrahlung am intensivsten ist.

DAS PLANCK'SCHE WIRKUNGS-QUANTUM

Dazu gibt es zwei Definitionen:

1. Bestimmbarer „Aggregatzustand"[3] von Materie (Chemie, Physik, Geologie) als Gestaltträger objektiv-manifester Form und Gestaltung
2. „Frequenzverdichtungen" mit Strahlenwirkungen radioaktiver Substanzen

In seiner Schrift „Der Baustoff der Welt" beschreibt F. Krause[4] genau wie schon Tesla diese beiden universalen Zusammenhänge, wobei „Licht" im Schöpfungsprozess **der spirituelle Urstrahl** in den hierarchisch geordneten Bewusstseinsdimensionen des Universums ist und im Kosmos als wahrnehmbar wirkende Energie erlebt wird. Denn das Licht erfährt als Urstrahl im Universum ganz erhebliche Brechungen, die im Kosmos als der „materiellsten Dimension" im Universum zu jenem scheinbaren „Dualismus von Geist und Materie" führen. Wir sprechen jetzt nicht mehr von „Substanz und Urlicht", sondern von Materie und wieder abstrahlbarem reflektorischem Licht. Das bedeutet: **Urenergie kondensiert als spirituelle Energie**

---

3 Materie als im Kosmos zum „Baustoff der Welt" kondensierte Urenergie
4 Helmut Friedrich Krause „Der Baustoff der Welt"

im Kosmos zu Materie, sie wird quasi zur Materie „zusammengeballt", die wiederum Licht und Wärme abstrahlt. Durch diese permanente Energiezufuhr entstehen im Kosmos dynamische Strukturen, die sichtbarer Ausdruck von unsichtbaren Schwingungsfeldern sind. Im Kosmos vollzieht sich daher die Umsetzung der Urenergie in die wahrnehmbar materielle dreidimensionale Welt.

Dabei ordnen sich in diesem „Verdichtungsprozess" in den Schwingungsknoten verschiedener Energie-Frequenzen „Materieteilchen in Feldverdichtungen" an[5], und zwar immer dann, wenn sich die Kräfte durch Überlagerungen (Interferenzen) der Frequenzen gegenseitig aufheben, wobei dieser **permanente Prozess die Basis alles Lebens im Kosmos ist** – und somit das „Licht" das organisierende Prinzip in der Schöpfung.

In der Bewusstseins-Dimension des Kosmos verdichten sich die Energie-Schwingungen quasi zur Materie und zwar in spezifizierte Zustände, wobei der Effekt der Frequenzen immer von den „unterschiedlichen Subs-

---

5 Teilchen, die in der Quantentheorie (Heisenberg) Feldern zugeordnet werden, nennt man Photonen, aus deren Schwingungsfeldern Materieteilchen als Verdichtungen dieser Felder hervorgegangen sind. Sie sind als Knoten sich überlagernder Wellen zu verstehen und scheinen dem „Nichts" zu entspringen. (M. Bischof – „Biophotonen" S. 216)

tanzen" abhängt, in denen eine Energie in einer jeweiligen Bewusstseinsdimension schwingt. Denn Schwingungen ohne Substanz sind nicht vorstellbar. Das wäre dann jene **„Nullpunktenergie"**, die als Urenergie nur im Zentrum beheimatet ist; dort jedoch nicht als Welle und Frequenz, sondern als Kraft schlechthin, die im Kosmos nur als Strahlung messbar ist und im „Stoff" (Substanz, Materie) bestimmter Frequenzen schwingt und darum als Kraftentfaltung immer auch von der jeweiligen Substanz mit abhängt. Die dadurch erzeugte Spannung zwischen Energie (Welle) und Substanz (Teilchen) ist das **Wirkungsquantum**.[6]

Energie ohne Substanz wäre als Nullpunktenergie im Kosmos nicht wirksam. Darum ist die für den Kosmos als „Nullpunktenergie" bezeichnete Energie eine Täuschung, weil die Physik bisher von der falschen Annahme eines „Vakuums im Kosmos" ausging, was jedoch in Wirklichkeit nicht der Fall ist. Denn *per definitionem* besitzt ein physikalisches System im Kosmos auch am so genannten Temperaturnullpunkt noch eine Restenergie in Form von Schwingungsenergie. Nach der „Unschärferelation" können seine Teilchen

---

6 Dabei stehen Substanz und Frequenzhöhe immer in Proportion, und das ist das **Planck´sche Wirkungsquantum**, von dem man zwar bereits die Formel erstellt hat, das man aber noch längst nicht in seiner wahren Bedeutung begriffen hat.

selbst da, wo sie nach der klassischen Physik absolut bewegungslos sein müssten, nicht zur Ruhe kommen und besitzen deshalb auch im „Grundzustand" noch Energie.

Denn elektrische wechselseitige Schwingungen können immer nur in der Substanz stattfinden, in der die Energie schwingt, weil die Kraftentfaltung immer auch von der Substanz mit abhängt. Die Spannung zwischen beiden ist das **Wirkungsquantum**, das zugleich einen „Schlüssel" für den Effekt einer Frequenz darstellt. Insofern kann man beim Wirkungsquantum auch nicht mehr nur von Energie sprechen, sondern von STRAHLEN. Denn jede Schwingung eines Strahls ist immer eine differenzierte Bündelung wie in einem Laser[7], wodurch der permanente schöpferische Umwandlungsprozess des Lebens im Kosmos garantiert ist.

---

7 Laser sind Strahlungsquellen, deren Gemeinsamkeit im Entstehungsprozess der Strahlung liegt, nämlich in der so genannten stimulierten Emission. Sie stellen im Prinzip einen rückgekoppelten Verstärker für die Strahlung dar. Die Verstärkung wird in einem Medium wie einem Kristall, einem Gas oder einer Flüssigkeit erreicht, welchem durch Optisches Pumpen oder auf andere Weise Energie zugeführt wird. Laser gibt es für Strahlungen in verschiedenen Bereichen des elektromagnetischen Spektrums: von Mikrowellen, über Infrarot, sichtbares Licht, Ultraviolett, bis hin zu Röntgenstrahlung. (Quelle: Wikipedia)

Die „Urenergie" erfährt dadurch im Kosmos eine erste Sichtbarmachung, indem sie sich über radioaktive Strahlung in feinstofflicher Substanz zugleich die Bedingungen einer Sichtbarmachung erschafft. In dieser Sichtbarmachung wird das darin wirkende **„Planck'sche Wirkungsquantum h"** im Kosmos zur „fundamentalen Naturkonstante der Quantenphysik", wobei **Strahlung die von allen Formen hervorgebrachte äußere Wirkung ist, die dann eintritt, wenn die interne Aktivität dieser Formen eine so hohe Schwingungsfrequenz erreicht hat, dass die äußeren Schranken die Form nicht länger gefangen zu halten vermögen, sondern die radioaktive Essenz entweichen lassen.** Vom „Planck'schen Wirkungsquantum" hat man zwar bereits eine Formel erstellt, die dahinterstehende Wirklichkeit jedoch kann man noch längst nicht in ihrer wahren Bedeutung begreifen und einordnen.

Und diese „Konstante" ist das Kennzeichen, dass im Evolutionsprozess im Kosmos eine ganz bestimmte Stufe erreicht wurde, und das gilt in gleicher Weise für das Atom der Substanz, mit dem sich Chemie und Physik bei ihrer Erforschung der Elemente befassen, wie auch für die immer komplexeren Formen im mineralischen, pflanzlichen, tierischen und menschlichen Naturreich. Das Planck'sche Wirkungsquantum tritt bei

der Beschreibung von allen „Quantenphänomenen"
auf, bei denen physikalische Eigenschaften nicht jeden
beliebigen kontinuierlichen Wert, sondern nur bestimmte „diskrete Werte" annehmen können. Es verknüpft Teilchen- und Welleneigenschaften: Es ist das
Verhältnis von Energie und Frequenz eines Lichtquants
oder eines Teilchens. Somit ist das Wirkungsquantum
eine Proportionalitätskonstante, deren Größe sich aus
der Anpassung experimentell ermittelter Werte ergibt,
und die Kraftquelle der Energie, die als geeinte Identi-
tät in der Materie einer Bewusstseinsebene zum Ausdruck kommt. Denn alle potentiellen Anlagen liegen
in dieser belebenden, energieverleihenden Kraft. Es ist
das Leben selbst und die treibende Kraft der Evolution. Und dabei handelt sich nicht nur um die Evolution
der Substanz, sondern auch um eine zwangsläufige
Folgeerscheinung eines inneren, bewussten, subjekti-
ven Lebens, wobei Substanz und Frequenzhöhe immer
in Proportion zueinander stehen.

MATERIE-STRAHLUNG

Das bedeutet, dass allein die energetische Matrix jeder
objektiven Form zugrunde liegt und dadurch zweierlei
Aspekte verdeutlicht:

1. Dass man dieser jeder Form zugrundeliegenden energetischen Matrix die höchste Bedeutung beimessen muss.
2. Dass die dichte objektive Manifestation überhaupt nicht als ein Prinzip betrachtet werden darf, weil sie immer nur das Resultat eines zeitlich permanenten Bewusstseinswandels ist.

Folgende Bestimmungen sind zu beachten:

1. Dass das negative-empfängliche und unorganisierte, greifbar-wahrnehmbare objektive Äußere ohne die positiv-strahlende innere Energie formlos und nutzlos wäre.
2. Dass der spirituelle Ätherleib allein das Äußere, was unorganisiert ist, mit Energie erfüllt und dessen Kohäsion bewirkt.
3. Dass die energetische Essenz des Bewusstseinskörpers als wesentlich geistiges Leben innerhalb seiner Entwicklung ihren optimalen Brennpunkt erreicht.
4. Eine solche Schwingung ist dabei das Resultat eines **radioaktiven Impulses**, um sich im Bewusstsein durch eine Stoßwelle auf die jeweilige aufgesuchte Substanz bemerkbar zu machen; dieser aufprallende Eindruck wird dem inneren Leben direkt übermittelt und wird dann seinerseits

als Erkenntnis oder Gewahrwerden wieder an die Substanz zurückvermittelt. Es handelt sich dabei um den schöpferischen Impuls, diese immanente Neigung zur konkreten Ausgestaltung alles Abstrakten als innewohnende Fähigkeit, „Formgestalt anzunehmen". Die Anziehung von Materie an den Geist und der Aufbau einer Form zum Gebrauch durch den Geist wird durch die Ur-Energie im Universum bewirkt, die in jedem Fall die geringeren Leben oder Sphären in ihren Einflussbereich hineinzieht. Und das ist im Kosmos der ewige Prozess einer permanenten Umwandlung.

Teil II

UMWANDLUNG IM KOSMOS

Dieser in der Tat „universale" Umwandlungsprozess verläuft im Universum in zwei gegenläufigen Richtungen, welche die unterschiedlichen Wirkungen der Rotationen bestimmen. Im „Abstieg des Energie-Urstrahls" aus dem spirituellen Zentrum dienen Rotationen primär einer permanenten **Verdichtung von Energie zu Materie.** Es sind die „erschaffenden und stabilisierenden" Aktivitäten der gesamten Materie, die sogenannten „Quarks". Dabei handelt es sich für alle Materie um eindeutige und gleichzeitig wirkende Schwingungsmuster in den Atomen, deren Aktivitäten durch das „Reibungsfeuer" im Kosmos angeregt werden. Im Wiederaufstieg und der damit verbundenen Wiederauflösung der Materie dagegen wird eine vorwärts drängende **Spiralbewegung** wirksam, die sich in allmählich immer höheren Schwingungen bemerkbar macht, was dazu führt, dass die „Teilchen" immer feinstofflicher werden. Im Gegensatz zur Materie fällt in höheren Dimensionen jegliche „Reibung", die für eine Verdichtung notwendig war, weg, und das „Feuer" wird in höheren Dimensionen mehr und mehr zu einem „virtuellen Feuer" als pure Energie.

Allem Anschein nach lässt sich jeder Umwandlungsvorgang, wenn er zutage tritt, bei oberflächlicher Betrachtung auf äußere Faktoren zurückführen. Im Grunde ist er aber das Endresultat einer Entwicklung, bei welcher der innere positive Kraftkern eine so ungeheure Schwingungsfrequenz erreicht hat, dass er schließlich die negativ-magnetischen Elemente, die seinen Einflussbereich ausmachen, zerstreut und sie weit von sich wegschleudert, weil nun das Gesetz der Abstoßung die Oberhand gewinnt. Dann werden diese nicht länger von ihrem ursprünglichen Zentrum angezogen, sondern „suchen" ein anderes Zentrum höherer Ordnung auf.

Dieses Prinzip gilt für alles Erschaffene im Universum, nicht nur für die Materie. Denn so verfolgen alle Zyklen in den Gestaltungen des Universums ein imaginäres Ziel, bis der höhere Schwingungsrhythmus überwiegt, so dass die „Stabilität" aller Manifestationen ausgeschaltet und überwunden wird, wobei die Formen abgestreift und letztendlich transparent werden. Denn das Ziel beim Wiederaufstieg ist jene gestaltlose Transparenz auf die „spirituelle Hierarchie" hin. Mit anderen Worten: Es müssen im Prozess des Lebens alle „Hüllen", jene Anhäufungen von materiellen „Manifestierungen" und bewussten Vorstellungen abgebaut und aufgelöst werden.

„ABSTIEG UND AUFSTIEG" ALS UMWANDLUNGSPROZESS

Jeder Umwandlungsvorgang ist demnach zweifältig und bedingt zunächst ein Stadium, in dem der innere positive Kern entfacht, betreut und entwickelt wird und quasi eine „Inkubationszeit" durchmacht, in welcher innerhalb seiner „Begrenzung" die innere Flamme systematisch so lange geschürt sowie die Voltspannung erhöht wird, bis die Begrenzung gesprengt wird, um dadurch die „Essenz" zu befreien, damit diese in eine höhere Einheit integriert werden kann.

Dabei ist die schöpferische Willensenergie insofern die positive Energie, die vom Zentrum aus immer atomar, im Kosmos dagegen elektrisch erlebt wird und erst in den weiteren Prozessen der Evolution in einer Art von „Kettenreaktionen" in den partiellen Energieprozessen ständig quasi „Endbedeutung" erreicht, um für die Gestaltung in einer höheren Dimension herangezogen zu werden, was im Kosmos über magnetische Energie erfolgt. Dabei wird diese Energie in der neuen Position wieder umgewandelt, um als positiver Impuls für einen weiteren und übergeordneten Formaufbau zur Verfügung zu stehen. Die in diesem Prozess immer mitwirkenden radioaktiven Strahlungen sind dabei

der ätherische Gestalt-Aspekt der jeweils neuen Form als Matrix.

Diese Prozesse unterliegen dem Gesetz eines **schöpferischen Wachstums**, wobei diese Entwicklung durch einen spiralförmigen Fortschritt, zyklisches Wachstum und ständig kreisende Wiederholung erfolgt. Das Endziel jeder größeren „Spirale" liegt darin, dass das geringere Oval sein „Bewusstsein" (Matrix) in dasjenige der größeren, es umgebenden Sphäre ausdehnt und die darin eingekerkerten Energien entweichen, um im größeren Ganzen aufzugehen. **Insofern ist Radioaktivität immer ein Zeichen für die Vollendung eines Formzyklus.** Denn das ist der **Wachstumsprozess im Leben**, jener permanente Verdichtungsprozess von Energien zu Materie, deren kleinste Teilchen die „Quarks" sind, die an der Grenze von umwandelnden (Licht-) Energien und umzuwandelndem Formleben) stehen. Der Wiederaufstieg ist ein mehrschichtiger Ablösungsprozess, in dem die vorwärts drängenden Spiralbewegungen auf die Transparenz aller Gestaltungen abzielen, wobei immer höhere Frequenzen eine Höherpotenzierung erreichen. Dagegen streben eindeutig auf Verdichtung gerichtete Rotationen primär hin zur Materialisierung, wobei sich die Frequenzen der jeweiligen Strahlungen ständig verlangsamen, wodurch sich der jeweils endgültige

Verdichtungspunkt verstärkt, der dann gegeben ist, wenn die notwendige Stabilität einer erzielten Masse erreicht ist.

Neben diesen beiden gegensätzlichen Bedeutungen von Rotationen – als **Verdichtung der Formen im „Abstieg" und Wiederauflösung der Formen im „Aufstieg"** – lassen sich Rotationen als drei Bewegungsenergien beschreiben:

ROTATION ODER SPIN[8] – VORBEDINGUNGEN FÜR RADIOAKTIVE STRAHLUNG

1. kreisende,
2. zyklisch-spiralförmige und
3. vorwärtsstrebende Bewegungen

---

8 Der **Spin** (von engl. *spin* = Drehung, Drall) ist eine quantenmechanische Eigenschaft von Elementarteilchen, eine Art Eigenrotation. Der Spin verhält sich mathematisch (z. B. unter Rotationen des Raumes) bis zu einem gewissen Grade als Drehimpuls. Außerdem gilt der Erhaltungssatz des Gesamtdrehimpulses nur für die Summe aus Bahndrehimpuls und Spin eines Systems. Daher ist der Spin im Gegensatz zum Isospin nicht nur mathematisch eine dem Bahn-Drehimpuls analoge Eigenschaft, sondern tatsächlich eine Art von Drehimpuls, allerdings von Anfang an ein nichtklassisches physikalisches Phänomen.

Diese Bewegungen bewirken im Kosmos Stabilität (Mineralreich), wechselseitige Beeinflussungen und Evolution (Pflanzenreich / Tierreich) und Radioaktivität (Zerstörung / Höherpotenzierung des Bewusstseins). Es sind die drei Aspekte des „Einen Feuers", die als: *Schöpferisches Feuer, Erhaltendes Feuer und Zerstörendes Feuer im Kosmos* in Erscheinung treten, und zwar als Licht, Flamme und Hitze, Elektrizität, Strahlung, Bewegung und Zerstörung. Jeder dieser drei Aspekte ist immer als ein elektrisches Phänomen zu betrachten.

Alle Einflüsse und Wirkungen von Energiestrahlen werden über **Rotationszentren** in der Materie übertragen. Das ist das Gesetz der Schwingungen, der Bewegung, Evolution und Rotation, und zwar in beiden Richtungen: im Abstieg des Geistes hin zur Verdichtung der Materie und im Wiederaufstieg zum geistigen Zentrum als Wiederauflösung der Materie. Alle Energieeinflüsse wirken auf die jeweils entsprechenden Zentren in der Substanz ein. Es sind wechselseitige Einwirkungen und Kraftübertragungen, die nicht auf spiral-zyklischen Aktivitäten der Rotationsbewegung der Materie selbst beruhen, sondern immer von „imaginären Impulsen" stammen, also spirituellen Ursprungs sind. Einwirkungen wie z.B. Hitze in der Materie führen zu einer Aktivität, die wir Rotation, Spin oder Umdrehung der Sphären nennen. Der gesamte Kosmos ist eine riesige „Sphäre", die sich wie ein ungeheures Rad langsam dreht und bei dieser Umdrehung alle darin enthaltenen Konstellationen mit sich führt. Primär handelt es sich in der Materie (bei Atomen) um Rotationen, die zuerst durch ihre Umdrehung ganz auf das eigene Zentrum eingestellt sind. Erst durch das Zusammenwirken mit dem Geist kommen zu dieser ursprünglichen Bewegung noch weitere, spiral-zyklische Rotationen hinzu. Dadurch wird dann jede Monade ihrer eigenen Form „gewahr". Denn in dem Maß, wie die vorwärts drängende Spiralbewegung wirksam wird, machen sich allmählich die höheren Schwingungen eines „Bewusstseins" über Radioaktivität bemerkbar, die wiederum die Grundlage aller periodischen Umwandlungen sind. Denn alle Atome werden dadurch radioaktiv, dass sie auf ein stärkeres, magnetisches Zentrum reagieren, wobei diese Reaktionen wiederum durch die allmähliche evolutionäre Entfaltung eines „Bewusstseins" zustande kommen.

Die radialen Eigenbewegungen haben dabei nichts mit diesen „spirituellen Kräften" zu tun, sondern sind als Bewegungen lediglich ein Ausdruck des Lebens, von dem Giordano Bruno behauptet, *„die Bewegung der Gestirne resultiere aus einem ‚inneren Prinzip'"*; – in diesem Zusammenhang spricht er von **„Gestirns-**

Seelen als Motor", was wiederum nichts mit der „Schwerkraft" selbst etwas zu tun hat, denn dadurch werden nicht die Bahnen der Gestirne bestimmt, dagegen aber sehr wohl ihre Substanz als Ausformung in der phänomenalen Welt. Auch die Kernverstrahlung wird von den ständig in Verbindung stehenden spirituellen Kräften, zu denen die Verstrahlung zweifelsfrei gehört, mitbestimmt. Und das meint auch F.H. Krause, wenn er die „Gravitation"[9] als „Schwellenkraft" bezeichnet, in der sich „Relatives und Absolutes" berühren, und diese Berührung auf keinen Fall als Gravitation im Sinne der klassischen Physik versteht.

Zwar sah noch Newton lediglich die Masse als die Quelle der anziehenden Kraft an, wohingegen Krause die Energie selbst meint und den freien Fall aufgrund wachsender Energiefelder versteht. Und diese Energie muss erforscht werden. Ferner sah er den „Materie-Zerfall" richtig als spirituelle Energie-Umwandlung; denn alle Materie löst sich wieder in ihre Urenergie auf, wobei jene „Gravitationskraft" bewirkt wird, die als radioaktive Strahlung eine Energie des Ausgleichs aller **„Materie- und Geistkräfte"** darstellt. Das bedeutet: Es handelt sich dabei immer um zwei Energiepotentiale, wobei selbstverständlich das stärkere Potential das schwächere beherrscht, was dann in der

9 F. Krause: „Der Baustoff der Welt"

Art einer „Anziehung" seine Darstellung findet, wobei allerdings das schwächere ebenfalls eine Wirkung ausübt. Im Kosmos werden so die einzelnen Körper als Massen im Gleichgewicht gehalten, was jedoch nicht aus der Massen-Anziehung resultiert, sondern aus dem Zusammenfließen zweier Energiefelder. Aus diesen jeweils konvergierenden Strömen bildeten sich ursprünglich die jene „Anziehung" ausübenden Bezugssysteme im Kosmos, indem sie sich in dieselbe Richtung und auf derselben Ebene bewegen, so dass sich ihre Mittelpunkte quasi aufeinander zu bewegen und die Geschwindigkeit ihrer jeweiligen Rotationen aufeinander abgestimmt sind.

So verfolgen alle Zyklen in den Gestaltungen des Universums ein imaginäres Ziel, bis der höhere Schwingungsrhythmus so überwiegt, dass der Einfluss der gestalthaften Form ausgeschaltet, diese selbst letztendlich transparent und abgestreift wird: Denn das Ziel beim Wiederaufstieg ist eine Transparenz auf die spirituelle Hierarchie hin.

EIGENSCHAFTEN VON ROTATIONEN IN DER MATERIE

TRÄGHEIT – BEWEGLICHKEIT – ANZIEHUNG UND ABSTOSSUNG

Trägheit kennzeichnet jedes Atom der Manifestation, und sie beruht auf dem „relativen Ruhezustand der Rotationen" in der Materie. Die „Radioaktivität" ist zwar latent immer vorhanden, aber frei von der Stimulierung, die sich erst aus der Zusammenballung von Atomen zu Formen und nachfolgend aus der gegenseitigen Beeinflussung der Atome ergibt. Sobald es Formen gibt und die Gesetze der Abstoßung und Anziehung in Kraft treten und damit Strahlung ermöglichen, kommt es zur Stimulierung, zu Emanationswirkungen und zu einer stufenweisen Beschleunigung, die schließlich aus dem Atom kraft dessen eigener Rotationsbewegung die nächste Eigenschaft oder Qualität herausentwickelt.

Beweglichkeit ist in der Materie das innewohnende Feuer als **Rotationsbewegung**, die mit der Zeit zur Ausstrahlung führt. Die Ausstrahlung der Materie wirkt sich im kosmischen Raum auf die anderen Atome ihrer Umgebung bis hin zum Menschen aus. Und diese gegenseitige Beeinflussung verursacht je nach der Polarität Abstoßung oder Anziehung. Auf diese Weise kommt es zum Zusammenhalt einer Form: Körper kommen zum Leben oder zur Manifestation und bleiben während der Dauer ihrer Zyklen bestehen. Am Ende eines Zyklus, nach Erreichung eines stationären Gleichgewichtes erfolgt dann die Auflösung der Form; und das bedeutet das vorübergehende „Ende" von Zeit und Raum. Wenn diese rhythmische Phase oder das Gleichgewicht in einem Kausalkörper erreicht ist, dann wird die Essenz der Form aus der Gefangenschaft erlöst und kann sich zur Quelle ihres Ursprungs zurückziehen. Sie ist von der Hülle befreit, die bislang als „Gefängnis" diente, und darf einer Umgebung entweichen, die zu Erfahrungszwecken und als Kampfplatz für die Gegensatzpaare benutzt worden ist. Die Hülle oder Form jedweder Art zerfällt dann ganz von selbst.

Diese Vorgänge müssen endlich begriffen werden, um darüber zur eigentlichen Bedeutung der Radioaktivität vorzudringen. Denn die Radioaktivität ist nicht nur innerhalb der Materie wichtig, sondern insbesondere für die Höherpotenzierung des Bewusstseins. Über die Radioaktivität geht jeder Bewusstseinswandel – und zwar genauso wie in der Materie, denn auch ein neues Bewusstsein „zündet" nur über dem Sterben eines alten, das lediglich integriert wird.

ANZIEHUNG UND ABSTOSSUNG – „GRAVITATION"

Diese im Kosmos kreisende **Raumenergie-Verstrahlung** bildet ständig Energiestrahlenfelder von radialer Struktur, wodurch alle Vorgänge im Kosmos untereinander in voller Abhängigkeit stehen und sich innerhalb dieses **Energiefeldes** vollziehen. Dieses bestimmt einerseits die Zunahme der Dichte eines Körpers und andererseits Anziehungskraft und Abstoßungskraft, die beide das Ergebnis der Grundwirkung eines Verstrahlungsfeldes sind. Dieses radiale Kern-Verstrahlungsfeld ist auch die Ursache für die Bewegungen und Abstände der Gestirne untereinander, weil alle Gestirne im Kosmos ständig **„Raumenergie"** verstrahlen. Auf diese Weise hält das Raumenergiefeld eines jeden Gestirns über seine Strahlungsintensität den Abstand zu den Nachbargestirnen, wobei sich aus den zu- und abnehmenden Intensitäten ihrer Energiefelder zwangsläufig die Bewegung eines jeden Gestirns in die Richtung ergibt, aus der die Verstrahlung am intensivsten ist.

Dies ist im Kosmos zunächst nur an den Wirkungen als quasi anziehende Kraft („Gravitation") feststellbar. Auf jeden Fall ist das Raumenergie-Feld der Träger der wellenförmigen Fortpflanzung aller Strahlungsarten, wobei die „Kern-Verstrahlung" selbst zwar in die Sphäre des „spirituellen Absoluten" gehört, aber für alle Erscheinungen im Kosmos der allein bestimmende Faktor ist. Dieses Freiwerden der Kernenergie aus der Sphäre des „Absoluten" vollzieht sich permanent und mit unvorstellbarer Wucht, ist aber kein „Urknall", sondern – durch ständige Zustandsveränderungen der Energiefelder hindurch – das ewig alles Bewegende und Verwandelnde Prinzip in allen Manifestationen, ausgelöst durch die Kraft der Radioaktivität, um das Leben augenfällig darzutun. Dabei ist die Radioaktivität sowohl das bewirkende Medium, als auch der Faktor, welcher den Anstoß zu einer neuen Daseinsstufe gibt.

Denn das Absolute im Kern weist jede Forschungsbemühung zurück. Das bedeutet, dass z.B. nur auf der Oberfläche von Gestirnen „Dinge" etwas wiegen, das ganze Gestirn selbst wiegt nichts. Denn die Radialität der Gravitationsfelder ist die Wirkung des Materiezerfalls im Gestirnskern, was sich auf der Oberfläche als Anziehungskraft oder Gravitation darstellt, aber lediglich über die Zunahme des Druckes aus dem Mittelpunkt erfolgt. Da die Schwerewirkungen vom Gestirnskern ausgehend nach allen Seiten verstrahlen, heben sich die Wirkungen im „Vakuum" auf. Unsere Sinneswahrnehmungen sind bisher nur dazu geeignet, diese äußere Lebenssphäre zu erfassen. – Wir erfassen nur Wirkungen, niemals Ursachen! Dies ist unveräußerliches Kennzeichen dieser Welt der Wirkungen und der Erscheinungen, welche in der indischen Religion mit Recht als „Maya" (Illusion) bezeichnet wird. Darum heißt es in den Upanishaden: *„Wer die Wirkungen für die Ursache hält, gehört den bösen Geistern an."*[10]

Es handelt sich dabei immer um eine universale Konstante. Diese beeinflusst die Materie und wird wiederum auch von ihr beeinflusst, wobei sich nicht die Energie umwandelt, sondern nur die Erscheinungsformen; denn es sind dabei universelle sich selbst determinierende Energien am Werk, die sich im Universum sämtlich im Einklang mit einem sich selbst ordnenden Ganzen befinden. Diese Energien haben nichts mit Gravitation zu tun, sondern sind der alles durchstrahlende Lebensimpuls aus dem Zentrum oder die **„Stimulanz-Energie der Schöpfung"**. Diese ist feinstofflich und lässt sich nicht mit physikalischen Begriffen messen und beschreiben. Sie ist somit eine trägerfreie Energie, die nichts mit Gravitation zu tun hat. Es ist der Lebensstrom schlechthin, der bis in die verdichteteste Materie dringt und dort als Energie alles in Frequenzvibration versetzt.

10 Krause, S. 58

Wichtig ist dabei nur, dass kein Atom radioaktiv zu strahlen beginnt, solange sein eigener innerer Rhythmus noch nicht bis zu dem Grad stimuliert ist, dass das positive innere Leben zur Auferlegung einer höheren Schwingungsfrequenz „reif" ist und dadurch die negativen Energien innerhalb der atomaren Peripherie von der Intensität dieser Schwingung abgestoßen werden und das positive innere Leben nicht weiter von deren anziehenden Qualitäten bestimmt wird. Das beruht darauf, dass sich stärkere positiv geladene Energien bemerkbar machen und nun gegenüber den magnetischen Schwingungen eine stärkere Resonanz finden. Auf diese Weise befreien diese Schwingungen den „eingekerkerten zentralen Funken" und verursachen in gewissem Sinn die Zerstreuung eines Atoms. Unter **Radioaktivität** (lat. *Radius* = Strahl) oder **radioaktivem Zerfall bzw. Kernzerfall** versteht man die Eigenschaft instabiler Atomkerne, sich spontan unter Energieabgabe umzuwandeln. Die freiwerdende Energie wird in Form ionisierender Strahlung, d.h. energiereicher Teilchen (z.B. Gammastrahlen) abgegeben.

Radioaktiv ist darum immer diejenige Form, welche ihren vorgeschriebenen Zyklus und die Rotationen ihres Lebensrades mit hinreichender Schwingungsfrequenz durchlaufen hat, so dass die flüchtige Lebens-Essenz im Begriff steht, aus dieser Form zu entweichen, um sich in einem komplexeren Gebilde zu verschmelzen. Dabei zeigt Radioaktivität als Strahlung immer den Stand einer erreichten partiellen Vollendung an. Kein Atom wird radioaktiv-strahlend, solange sein eigener innerer Rhythmus noch nicht bis zu dem Grad stimuliert ist, dass das positive innere Leben zur Auferlegung einer höheren Schwingungsfrequenz reif ist und die negativ-magnetischen Strahlungen innerhalb der Gestalten von der Intensität dieser Schwingung bereits abgestoßen und nicht mehr von der Anziehungskraft des Atoms stabil gehalten werden. Wenn aber dieses Stadium erreicht ist, dann wird jedes radioaktive Atom aufgrund seiner Strahlungsfähigkeit zu einem Kraftauslöser. Dadurch werden die befreiten „Essenzen" zu Leitern jener größeren Kraft, die ein neues magnetisches Zentrum bildet.

Diese „Höherpotenzierung" von Energien erfolgt also immer erst dann, wenn vor allem die „ätherische Matrix" oder „Essenz" auf gewisse Impulse zu reagieren beginnt. Und das bedeutet, dass Strahlung nichts mit dem Entweichen aus der physischen oder dichten „äußeren" Form zu tun hat, sondern nur mit jener „Periode" im Leben einer lebendigen Entität, in welcher der „Ätherleib" das innewohnende Leben nicht länger zu begrenzen oder gefangen zu halten vermag. **Denn diese Kraft-Ausstrahlung ist letztlich die schöp-**

ferische Willensenergie. Erreicht eine Gestalt ihre Endbedeutung, wird sie automatisch in die Gestaltung einer für sie höheren Dimension hineingezogen, was anziehend über radioaktive Energie erfolgt, wobei sie in der neuen „Position" wieder in den positiven Impuls eines weiteren und übergeordneten Formaufbaus umgewandelt wird. Die Radioaktivität imprägniert dabei immer den Gestalt-Aspekt der jeweils neuen Form als ätherische Matrix. Gegenwärtig ist man hinsichtlich der Radioaktivität des Mineralreiches dieser Wahrheit etwas näher gekommen, obwohl die Wissenschaft noch immer nicht bereit ist zuzugeben, dass jede Strahlung nur über die spirituelle Kraftauslösung der inneren Essenz erfolgt. Dieser Kern-Verstrahlungsprozess nicht elementarer Teilchen hängt mit den elektrischen Ladungsmöglichkeiten der Quarks im Verhältnis von 2/3 positiver zu 1/3 negativer Ladung zusammen, wodurch ständig Frequenzimpulse zur Assoziierung mit Photonen oder Elektronen ausgelöst werden, die das „fundamentale Bewusstsein" bedeuten und bereits im Atom über eine Art Bewegungsfreiheit hinsichtlich der Richtung von Weiterentwicklung und Fusionierung entscheiden. Umwandlungen erfolgen immer über zirkuläre Bewegungen, denn jede „geschlossene Sphäre" rotiert in sich und reagiert auf einen Impuls zu einer Umwandlung entweder durch Zerstreuung oder durch Integration in eine höhere Einheit. Das bedeutet, dass die sphärenhafte Begrenzung niedergebrochen und der jede Monade umgebende „Grenzring" gesprengt wird und radioaktiv ausstrahlt. Damit stellen sich folgende Fragen:

a. Was strahlt aus?
b. Was ist die subjektive Ursache einer Strahlung?

URSACHEN MATERIELLER STRAHLUNG

Die Strahlungstätigkeit der Materie ist also immer eine Wirkung, welche die innere Essenz eines Gebildes über Rotationen hervorruft, wenn sie sich durch die sie umhüllende Form hindurch bemerkbar macht, sobald diese Form einen solchen Grad der Verfeinerung erreicht hat, dass dies möglich wird. Immer wenn diese essenzielle Aktivität einer Form eine so hohe Schwingungsfrequenz erreicht hat, dass die äußeren Begrenzungen der Form die „Essenz" nicht länger „gefangen" zu halten vermögen, kann diese quasi „subjektive Essenz" entweichen, was zugleich bedeutet, dass in einem bestimmten zirkulären Evolutionsprozess eine ganz bestimmte Stufe erreicht wurde. Wenn ein kosmischer Grundplan also seiner Vollendung nahe kommt, wird er seinerseits „radioaktiv", und überträgt durch Strahlung seine Essenz auf eine andere „absorbierende Monade", wobei die Essenz von einer aufnehmenden Konstellation absorbiert wird und die bisher begrenzende äußere „Hülle" zu ihrem ursprünglichen, unorganisierten Zustand zurückkehrt. Denn alle Umwandlungsprozesse beruhen darauf, dass sich magnetische Schwingungen einer stärkeren positiven Strahlung bemerkbar machen und eine Resonanz in schwächeren Gebilden finden, sodass die stärkere Schwingung den eingekerkerten zentralen Funken aus dem schwächeren Gebilde befreien kann und in gewissem Sinn z.B. die Energie freisetzende Aufspaltung eines Atoms (Monade) verursacht. Das heißt: Ein Atom ist in sich sowohl negativ als auch positiv: positiv in Bezug auf die eigene formale Begrenzung, negativ in Bezug auf eine anzustrebende übergeordnete Sphäre; insofern wird bei einer Umwandlung ein Atom in einer Monade höherer Ordnung quasi wieder zum „Elektron".

Es ist diese inhärente Fähigkeit einer jeden Lebensform, über das begrenzte Manifestierte (Erreichte) hinaus zu streben, jener notwendige Dualismus zwischen dem, was begrenzt wird, und der begrenzenden Substanz selbst, welcher die Entwicklung in Gang hält, denn im geordneten Daseinsplan bleibt jede „Begrenzung" nur so lange bestehen, wie sie zur Erreichung bestimmter

Ziele notwendig ist. Daraus folgt, dass alles Sichtbare, soweit es sich dabei um objektive Formen und durch bestimmte Lichtsphären zur Manifestation kommende Geschöpfe handelt, nicht in sich selbst Bestand hat, vielmehr über sich hinaus weist auf eine spirituelle Wirklichkeit hinter allem Sichtbaren; und dies gilt für das Bewusstsein im Besonderen, da jedes begrenzte Bewusstsein offenkundig als Teil eines umfassenderen und das begrenzte integrierenden Bewusstseins gedacht werden muss. Letzten Endes werden alle Modulationen und „Überschreitungen" von Begrenzungen über das „Feuer" der Radioaktivität bewirkt. Sie ist:

- inwendiges, inhärentes und latentes Feuer;
- Strahlungs- und Emanationsfeuer;
- erzeugtes, assimiliertes und ausgestrahltes Feuer;
- belebendes, stimulierendes und zerstörendes Feuer;
- übermitteltes, reflektiertes und absorbiertes Feuer;
- die Grundlage alles Lebens;
- die Essenz alles Daseins;
- das Mittel zur Entwicklung und der Impuls hinter allen Umwandlungen.

Strahlung ist die von allen Formen hervorgebrachte äußere Wirkung, die immer dann eintritt, wenn die interne Aktivität einer Form eine so hohe Schwingungsfrequenz erreicht hat, dass die äußeren Schranken (der

Grenzring) die Form nicht länger gefangen zu halten vermögen, sondern die radioaktive Essenz entweichen lassen. **Strahlung findet also statt**, sobald das innere, bislang selbstgenügsame Leben irgendeines Atoms von einem stärkeren Streben angezogen wird, das von einer größeren Daseinseinheit ausgeht, von deren Form es nun einen Bestandteil bildet. Das ist aber nur dann wirklich der Fall, wenn die Strahlung dadurch verursacht wird, dass die energetische Matrix des Atoms mit der inneren Schwingungsfrequenz der übergeordneten Form in Resonanz tritt; denn die Strahlung beruht nicht auf der Anziehungskraft des äußeren Form-Aspekts jenes größeren Gebildes, sondern auf der gemeinsamen ätherischen Resonanzfähigkeit aller Bestandteile.

Das ist dann das Kennzeichen, dass im Evolutionsprozess eines Gebildes eine ganz bestimmte Stufe erreicht wurde; und dies gilt in gleicher Weise für das Atom der Materie, mit dem sich die Chemie und Physik bei Erforschung der Elemente befassen, wie auch für alle komplexeren Formen im pflanzlichen, tierischen und menschlichen Naturreich. Denn Strahlungstätigkeit ist die Wirkung, welche die innere Essenz hervorruft, die sich durch die Form hindurch bemerkbar macht, sobald die Form einen solchen Brennpunkt erreicht hat, dass dies möglich wird. Maßgeblich sind dafür

„eingefärbte", d.h. individuell programmierte Energie-Einstrahlungen als Ergebnisse bestimmter Ideenträger und Gestaltungsprozesse, welche einerseits immer von der Urenergie bestimmt sind und andererseits über die Unschärferelation auch von den Erfordernissen der jeweils aufzubauenden Lebensform mit bedingt werden, denn die Unschärferelation ist immer die Spannung des Lebens zwischen Geist und Materie.

Denn immer wenn ein „Grundplan einer Gestalt" seiner Vollendung nahe kommt, wird er seinerseits „radioaktiv", und dann überträgt er durch Strahlung seine Essenz auf eine andere, „absorbierende Gestalt" höherer Ordnung im Kosmos. Und das bedeutet: immer wenn eine innere Form ihre Vollendung erreicht hat, wird schließlich die Anziehungskraft eines größeren Zentrums so mächtig, dass die Matrix als positive Lebenskraft im Atom jene zentrale Energie verspürt, welche es mit anderen Atomen zwecks Erfüllung ihrer gemeinsamen Funktion zusammenhält. Diese Energie durchdringt den Grenzring, findet aber dabei keine Resonanz bei anderen äußeren Formationen, aber dafür umso mehr beim positiv-energetischen Atomkern. Das beruht auf der Tatsache, dass das wesentliche Leben eines Atoms, sein höchster positiver Aspekt, stets von gleicher Substanz ist wie das höher potenzierte Leben, welches es an sich heranzieht. Wenn diese Wesensresonanz sich hinreichend fühlbar macht, dann ist ein partieller atomarer Zyklus beendet, seine dichte Form wird integriert und seine Essenz entweicht, um einen größeren magnetischen Brennpunkt aufzusuchen. Nun erst ist eine Form als radioaktiv zu bezeichnen, und es erfolgen radioaktive Ausstrahlungen.

ZUSAMMENFASSUNG TEIL II

Das Leben im Zentrum entweicht, um sich mit seinem Gegenpol zu verschmelzen. Das bedeutet:

1. dass das negative, empfängliche und unorganisierte, greifbar objektive Äußere ohne die innere Energie (Essenz) formlos und nutzlos ist.
2. dass die „wahre Form"[11] oder der Kraftträger das, was unorganisiert ist, mit Energie erfüllt und dessen Kohäsion bewirkt.
3. dass die „flüchtige Essenz" oder das wesentliche, geistige Leben innerhalb der „wahren Form" seinen Brennpunkt hat.
4. dass nur die „wahre Form" oder die „Essenz" das, was unorganisiert ist, mit Energie erfüllt und des-

---

11 Die „wahre Form" ist jede unter dem Einfluss Ideen-bestimmter Energie-Einstrahlungen sich konstituierende Form, deren offenbarende Gestaltwerdung also noch nicht abgeschlossen ist.

sen Kohäsion bewirkt. Eine Form wird erst dann radioaktiv, wenn gewisse Vorbedingungen erfüllt und gewisse Ergebnisse erreicht worden sind.

5. Strahlungstätigkeit ist immer die Wirkung, welche die innere Essenz hervorruft, die sich durch die Form hindurch bemerkbar macht, sobald die Form einen solchen Grad der Verfeinerung erreicht hat, dass dies möglich wird.

6. Das Leben beginnt darüber zu pulsieren, die „Sphäre" rotiert in vielen Zyklen, und infolge dieser Rotation erspürt sie andere Sphären und fusioniert mit diesen.

7. Wenn ein kosmischer zyklischer Grundplan seiner Vollendung nahe kommt, wird er seinerseits „radioaktiv" und überträgt die Strahlungen seiner Essenz auf andere Gebilde, wobei diese Essenz von einer aufnehmenden Konstellation absorbiert wird.

TEIL III

ENTWICKLUNG UND RADIOAKTIVE STRAHLEN IN DEN NATURREICHEN

Aus Energiestrahlungen wird im Kosmos gestaltete Materie, wobei „imaginäre Materieteilchen" Verdichtungen von Schwingungsfeldern sind. Bereits Faraday war davon überzeugt, dass die Bausteine der Materie lediglich Feldverdichtungen seien: „Knoten im Feinstofflichen". *Nicht das Feld bedarf zu seiner Existenz der Materie als seines Trägers, sondern die Materie ist umgekehrt eine Ausgeburt des feinstofflichen Feldes."*[12] Aus diesen Schwingungsfeldern gehen Materieteilchen als Verdichtungen dieser Felder hervor. Sie sind als „Knoten" sich überlagernder Wellen zu verstehen und scheinen dem „Nichts" zu entspringen. Das geschieht durch Überlagerungen (Interferenzen) von Schwingungen. Dabei ordnet sich in den Schwingungsknoten, wo sich die Kräfte aufheben, Materie an. Durch Energiezufuhr entstehen dynamische Strukturen, die sichtbarer Ausdruck eines unsichtbaren Schwingungsfeldes sind. Alle Strukturen sind ein Ergebnis unendlicher Kombinationen verschiedener Elemente, die Ausdruck und Manifestation von prä-existierenden Ideen sind und einem „Plan" unterliegen, indem sie sich zusammenbinden und sich unendlich weiter entwickeln können.

---

12 Michael Faraday glaubte bereits zu wissen, dass Materie lediglich Feldverdichtungen darstelle: Knoten im „Feinstofflichen" (Ernst Meckelburg/ Transwelt)

Alle materiellen Manifestationen im Kosmos sind in Wahrheit die „beseelte Gestalt" des dahinter wirkenden Geistes und darum hinsichtlich menschlicher Wahrnehmung immer nur die „halbe Wirklichkeit". Denn alles sinnenhafte Wahrnehmen ist immer eine Art Illusion –wie bei einem auf eine Leinwand projizierten Film. Genauso spielen sich auch alle Bewegungen im Kosmos auf einer „fixen Konstante" ab wie die beweglichen Bilder auf einer konstanten Filmleinwand. Der Mensch erlebt zwar diese raum-zeitlichen Bewegungen als ein prozesshaftes reales Geschehen, was aber eine irrelevante Fiktion bleibt. Denn der materielle Kosmos ist für den Menschen der allein sinnenhaft wahrnehmbare, erlebbare und erkennbare Frequenzbereich und deswegen auch der bisher weitgehend erforschte Bereich der Naturwissenschaften. Im Kosmos herrscht aber auch ein permanentes Zusammenspiel von geistigen Wirkkräften und materiell erscheinenden Bildkräften, ein bisher von den Wissenschaften absolut vernachlässigtes Gebiet. So ist der Planet Erde einmal in das für den Menschen wahrnehmbare kosmische Sonnensystem mit eingebunden, unterliegt aber andererseits auch den geistigen Wirkungen im gesamten Universum. Die alles bewirkende spirituelle Kraft in der Schöpfung ist die **Urenergie,** deren **Urstrahlen** die bestimmenden Energien in allen Ideen und für die Grundsubstanz in jeglichem Formaufbau sind.

Denn **Strahlen** sind quasi die ergänzende „Kehrseite" der Energie[13] im Sinne des Erschaffens und der Umwandlung von Leben. Das sind die zwei Zustände des Lebens überhaupt: **Erschaffen und Umwandeln**, wobei sich die gesamte Natur im Kosmos noch im Gesetz der Zielrichtung auf ein Geschöpf hin befindet, das diese **Umwandlung** als liebevolle Beteiligung für die gesamte Natur auf Erden „übernimmt", weil dieses Geschöpf selbst noch ein Teil der Natur ist: Der MENSCH, der über die „Höherpotenzierung seines Bewusstseins" gemeinsam mit den radioaktiven Strahlungen diesen Prozess erbringen wird. Denn bei allen Strahlungen handelt es sich um zwei unterschiedliche Wirkweisen: Erschaffen und Gestalten, was im Schöpfungsvorgang immer synchron erfolgt. Und das bedeutet: Die Urenergie als ungebundene schöpferische Kraft wird in den erschaffenen Gestalten als Energie zwar gebunden – dies jedoch, um in den Gestaltungen als **beseeltes Leben** seinerseits **gestaltend** zu wirken, was zugleich den Grad ihrer eigenen **Strahlungsfähigkeit** bestimmt. Man spricht jetzt von **Raumenergie-Strahlungen.** Zwar ist die Schöpfung als Ganze primär eine Geschaffene; aber insofern Strahlen auch immer über Gestalten fließen, sollte man nicht zu scharf zwischen einem aktiv gestaltenden und einem passiv empfangenden Teil trennen,

---

13 Energie ist potentiell (erschaffend); Strahlen sind aktuell (gestaltend).

sondern beide in ihrer Zusammengehörigkeit sehen – wie **Welle und Teilchen** im Licht: Beide wirken immer zusammen, wobei der Wellen-Aspekt mehr für die sich vermittelnde Urenergie selbst (primär-aktiv) und der Teilchen-Aspekt für die (re-aktive) Strahlungsfähigkeit der Gegenständlichkeit steht.

Das ist jener permanente elektromagnetische Verstrahlungs- und Evolutionsprozess von Energien zu Materie, deren kleinste Teilchen jene unmessbaren *Quarks* sind. Diese stehen an der Grenze von umwandelnden (Licht-) Energien und umzuwandelndem Formleben, denn das Licht ist das organisierende Prinzip in der Schöpfung, wobei dieser permanente Prozess das Leben schlechthin ist. Auf diese Weise werden die ideellen Muster der „impliziten Ordnung"[14] in die materielle Welt der „expliziten Ordnung" transponiert. Der weitere Weg der expliziten substantiellen Ordnungen in höhere Integrationen und Strukturen erfolgt dabei immer über eine durch Strahlungen gesteigerte **Radioaktivität** aller Elemente, die eine Höher-Dimensionierung ermöglicht und die jeweils begrenzte Organisationsform einer Monade zu überschreiten hilft, um in der Abgabe von Strahlungen in einer anderen Monade höherer Ordnung wieder als Baustein integriert zu werden.

---

14 Bohm: „Die implizite Ordnung", a.a.O.

Alle Materie unterliegt dem **Strahlungsfeld eines Planeten** und allen dadurch bestimmenden Abmessungen und Strukturen im Kosmos (z.B. endliche Lichtgeschwindigkeit als kosmische Grenze). Auf eben diese Strahlungsfelder richten Atome, Moleküle, Zellen und Organismen für die Entwicklung auf Erden gleichsam optimale „Antennen" aus. Denn nach der Theorie der „Bose-Kondensation"[15] hat die Materie über das Licht als organisierendes Prinzip die Möglichkeit, in der Materie „Antennen auszufahren", um informative Impulse aus der kosmischen Umwelt zu empfangen und optimal zur eigenen Stabilisierung einzusetzen. Ferner nimmt man an, dass es sich dabei um eine Art Speicherung und Bündelung elektromagnetischer Wellen gleicher Energie und Frequenz handelt, wobei ein rotierender Photonensog entsteht, der eine daraus resultierende Interferenz und somit den Aufbau kohärenter Zustände in raumzeitlichen Strukturen bewirkt. An den Kreuzungspunkten von Interferenzwellen wird ein „Quant" als Zwischenzustand von Materie und Energie erzeugt, und diese Art der Überschneidung ist für die gesamte Materie gestaltgebend und formbestimmend.[16] Nach dieser Theorie ist das kohärente Energiefeld sowohl Grundlage der „Intelligenz" aller Teilchen, wie auch die Ursache ihres Dranges zusam-

---

15 vgl. „Biophotonen", S.194
16 Teilhard de Chardin: „Der Mensch im Kosmos."

menzukommen und zu kooperieren: „Intelligente Materie".

In diesen kohärenten Prozessen, in denen Energien als „Wellen" den Umschlag in stabile Ordnungssysteme bewerkstelligen, verbinden sich ferner die „Teilchen" kooperativ miteinander und „kollektivieren" daraus ein Ganzes in zeitlich-räumlichen Mustern und Strukturen: *„Es ist eine kohärente Wechselwirkung elektromagnetischer Art, die bewirkt, dass dort, wo schon Photonen gleicher Energieverteilung gespeichert sind, eine Tendenz zur Ansammlung weiterer gleichartiger Photonen besteht, ein Prozess, der die Grundlage des gesamten Aufbaus der Materie ist, wobei diese Kontraktionen und Expansionen, die durch Licht angeregt werden, rhythmisch verlaufen"* (Popp). Dabei sind Frequenzkohärenzen, die sich als Elemente differenzieren, bereits „Strukturmuster". Denn das im Schöpfungsakt ausgegossene Licht ist **die Sichtbarmachung der Ideen** und enthält als Geistesausfluss alle Grundelemente bereits in sich, die dann im ausgegossenen Licht durch Überschneidung der Wellen wie bei einer Zeugung sich zu Teilchen zusammenfinden. **So werden Photonen durch Kohärenz zur Brücke für höhere Dimensionen und bilden die Mitte zwischen potentieller und aktueller Information.**

Schöpfung ist quasi „Substanzialisierung" von Ideen; denn es ist die „Urenergie" selbst, die sich zur eigenen Erhaltung ständig im Produzieren einer aus ihr fließenden Kraft aus sich herausstellt. Dabei entsteht quasi Substanz in Energieschüben eines „Erschaffens und Belebens". Diese geeinte Polarisierung ist als „Unschärferelation" die selbst erzeugte Spannung der schöpferischen Urenergie, die sich im permanenten Erschaffen von Substanz als ewiges Lebensprinzip erweist. Es ist der Gegenpol für die Spannung einer in sich kreisenden Energie, die sich dadurch erhält, dass sie eine Spannung erzeugt, die zugleich Energie als Leben ist und sich in einer nach Außen „gestülpten" Polarisierung bestätigt. Kohärente Zustände sind daher die Schnittstellen, an denen über die „Unschärferelation das Geistige in das Materielle hinein wirksam werden kann."[17] Es sind „Polaritäten", die als komplementäre Eigenschaften[18] in der chinesischen Philosophie Yin und Yang[19] genannt wurden und einen Zustand bezeichnen, der seinen eigenen Gegenpol mit einbezieht, um wirklich stabil sein zu können. Dieser „Tao-Zustand" ruht in sich und kann doch ständig neue Energie und Leben schaffende Gegensätzlichkei-

---

17 Popp, Fritz-Albert
18 Niels Bohr war der erste, der dieses Komplementaritätsprinzip
   formulierte.
19 chinesische Philosophie

ten aus sich heraus erzeugen.[20] Es ist die Vereinigung unvereinbarer Gegensätze zu einer neuen höheren Einheit, wobei die kohärenten Zustände mitten zwischen Teilchen- und Wellenaspekt liegen: zwischen Materie und Geist. Gott ist beides. Denn die Erschaffung der Schöpfung ist ein Prozesshaft-Gleichzeitiges, wobei die **Weisheit** die im „Chaos" noch nicht erkennbare Ordnung und der Wille zur Gestaltung ist. Ohne Ausschüttung keine Ordnung, ohne Ordnung keine Schöpfung – und das bedeutet: zugleich Einheit und Trennung. Das hat die Quantentheorie völlig richtig erkannt: „Unschärferelation" ist jene schöpferische Spannung zwischen Teilchen und Welle, in welcher beide „untrennbar Getrennte" sind.

DIE 3 NATURREICHE

1. Mineralreich
2. Pflanzenreich
3. Tierreich

Das Geheimnis, das allen Naturreichen im Kosmos innewohnt, ist: **Verdichtung und Umwandlung**. Dabei

---

20 Das Tao-Prinzip vermag auf den verschiedensten Systemebenen jene Polaritäten hervorzubringen, die für die Entstehung und Weiterentwicklung des Lebens notwendig sind.

hat jedes Naturreich seinen eigenen Code. Unfassbare ätherische Substanzen werden permanent zu dichten sichtbaren und greifbaren Welten komprimiert, wobei nach einem evolutionären Plan diese objektive (äußere) Welt wieder in den Urzustand zurückverwandelt werden muss. All das, was während der Erschaffungsperiode des geformten Daseins an Ordnung und Rhythmus, an Tendenzen und Qualitäten ins „Bewusstsein" der Atome, Elemente und Gestalten eingepflanzt wurde, muss über eine Transparenz wieder „aufgelöst" werden. Diesen Auflösungs- und Umwandlungsprozess sehen wir z.B. als **wirkende Strahlung radioaktiver Substanzen.** Die Entschlüsselung dieses ersten „Naturreiches", des Mineralreiches, steht z.B. heute in der Atomphysik und Astrophysik an – parallel zum menschlichen „Bewusstseinswandel" ins Supramentale, der ein *Neues Äon* einläutet und einen spirituellen Aufstieg initiieren wird. Umwandlung zielt dabei immer auf „Transparenz" alles Materiellen.

Bei jeder „Entmaterialisierung" geht es also darum, in ein „höheres Element" umgewandelt zu werden. Was für die Elemente der Materie gilt, gilt auch für das Bewusstsein. Auf Erden kennt man ca. 120 Elemente, die bereits isoliert werden können, wovon die letzten und höchsten vorerst in isolierter Form den Menschen noch schaden, z.B. Uran und Plutonium. Aber je höher die Schwingungen im Bewusstsein der Menschen sich entwickeln, werden auch ihre Körperschwingungen verfeinert, und dann haben sie von solchen Elementen nichts mehr zu befürchten. Ganz im Gegenteil werden diese Elemente dann das Bewusstsein und die damit verbundenen Erfahrungsmöglichkeiten der Menschen erweitern, weil **die radioaktiven Strahlungen** dieser Elemente für das Bewusstsein einen öffnenden Charakter haben. Dann werden die Menschen diese Energie-Strahlungen nicht mehr als schädigende Kräfte, sondern als eine Hilfe zur Erweiterung ihrer Wahrnehmungsfähigkeit empfinden.

Verdichtung und Umwandlung sind auch als fundamentales **„Bewusstsein"** ein Charakteristikum aller **atomaren Materie**. Es bestimmt den Aufbau und die Verbindungen von Atomen, worauf die sichtbaren Strukturen aller Gestaltungen zurückzuführen sind, sowie alle Formen und Gestalten im Mineralreich, im Pflanzenreich, im Tierreich bis hin zum Menschenreich. Es ist die Gesamtheit dessen, was wir „Natur" nennen. Auf diese Weise kann jedes Naturreich als eine Totalität oder Sphäre angesehen werden, durch die sich ein „Bewusstsein" irgendeiner Stufe oder eines Grades manifestieren kann. Jedes Naturreich bringt sein Aggregat aller Formen als Totalität hervor, die wiederum einen Platz innerhalb eines noch größeren

Zusammenhangs findet. In allen drei Naturreichen (im mineralischen, pflanzlichen, animalischen) bestimmen zwei Faktoren alle Strukturen und Gestaltungen: der „Bewusstseins-Aspekt" und die Umwandlung aller materiellen Formen, die in den Naturreichen durch **„Feuer"** bewirkt wird und schließlich wieder Energiestrahlen freisetzt.[21]

DAS MINERALREICH – ERSTES NATURREICH

DAS ATOM

Atome gelten bekanntlich als „kleinste Bausteine" der Materie, als sogenannte Kernsubstanz, aus welcher alle Formen des ersten Naturreiches gebildet sind, kurz: alles das, was die Chemie und Mineralogie über dieses Naturreich festgestellt hat und was wissenschaftlich erforscht ist. Solange allerdings das Wesen der Atome und deren innere Struktur noch Gegenstand des Forschens, Spekulierens und Theoretisierens ist, müssen alle Aussagen über Materie nur als symbolisch und nicht im wörtlichen

---

21 Die bekannteste Wirkung mineralischer Initiation durch Feuer ist die fundamentale Veränderung und Umformung von Kohle in einen vollkommenen Diamanten. Ein weiteres Beispiel für eine höhere Wertstufe ist die Strahlung, das Senden von Strahlen, wie z.B. beim Radium.

Sinne verstanden werden. Obwohl nach dem gegenwärtigen Forschungsstand zwar das Atom in Aufbau und Wirkung weitgehend erforscht ist, bleibt nach wie vor der subatomare Mikrokosmos in seiner Energie-Materiebeziehung ein noch zu lösendes Rätsel.[22]

Das Atom als letztes Partikel der klassischen Materie besteht aus einem positiven Energiekern, der wie die Sonne von den Planeten von Elektronen oder negativen Anteilen umgeben ist. Die Elemente differieren entsprechend der Zahl der positiven Protonen[23] im Atomkern und der Zahl und Anordnung der negativen Elektronen um ihren positiven Nukleus. Die Elektronen rotieren um diese zentrale elektrische Ladung, ähnlich wie unser planetarisches System um die Sonne kreist. Die Elektronen sind dabei selber wieder „Welten innerhalb von Welten". Denn es ist möglich, das Elektron selbst weiter aufzulösen und zu unterteilen, was in Regionen

---

22 Heute sind die Wissenschaftler der Chaos-Theorie (Prigonine, Fourier, Bohm, Popp; bereits erreicht: String-Theorie, Quanten-Theorie) einer Lösung dieses Problems am nächsten. Diese Richtung muss gedanklich unterstützt werden, denn nur diese allein führt endlich aus der starren Physik heraus und bringt die Komponente der Geistmöglichkeiten in das starre Materiegesetz hinein. Dadurch ist dann auch eine Weiterentwicklung des Bewusstseins gewährleistet. Das bedeutet in der modernen Physik: „In den eigenartigen kohärenten Zuständen gilt für die Quantenphysik die sogenannte „Unschärfe-Relation".

23 Die Anzahl der Protonen im Kern bestimmt weitestgehend die chemischen Eigenschaften eines Elementes (Kernladungszahl = Ordnungszahl im Periodensystem).

führt, die dann nicht mehr dem Physischen, worunter man berührbare Substanz versteht, sondern dem Psychischen zugerechnet werden müssen.

Noch Newton definierte *„das Atom als ein hartes, unteilbares, letztes Partikel"*, das eine weitere Unterteilung nicht erlaube. Es wurde als endgültig letztes materielles Partikel im Universum anerkannt. Aber mit der Entdeckung des Radiums (1898) und der Wirkungen radioaktiver Stoffe, sah man sich einem völlig neuen Aspekt der Materie gegenüber; denn es war klar geworden, dass das als letzte Einheit angenommene Partikel „Atom" keineswegs dieses „Letzte Unteilbare"[24] war. Die Definition des Atoms (nach Alice Bailey) heißt nun:

„Ein Atom ist ein Kraftzentrum, eine Phase elektrischer Phänomene, ein Energiezentrum, aktiviert durch seine eigene innere Struktur, das Hitze oder Strahlung abgibt. Das Atom lässt sich in Elektronen auflösen und wirkt als Energie. Wenn man also ein Zentrum von Energie oder Aktivität vor sich hat, sieht man sich einem doppelseitigen Konzept gegenüber: einmal handelt es sich um eine durch Energie verursachte Bewegung (geistiger Impuls) und dann um das, was durch die Bewegung mit Energie durchdrungen und aktualisiert

---

24 Der Begriff „Atom" entstammt dem griechischen atomos = unteilbar.

*wird (Transposition in eine manifestierte Gestalt). Es ist das ständige Oszillieren zwischen „Welle und Teilchen", jener Bereich, der zwischen Geist und Materie steht, das **„Protoplasma"**, das die ursprüngliche Idee der Urmaterie ausdrückt".*

Der Begriff „Protoplasma" ist zusammengesetzt aus dem griechischen Wort *„früher als"* und *„der Stoff, aus welchem die Dinge gemacht sind."* Es ist jenes unberührbare Etwas gemeint, das die Basis der berührbaren Dinge ist. Östliche Schulen sprechen in diesem Zusammenhang vom „uranfänglichen Äther", während man die der Quantenphysik das Wort Substanz dafür gebraucht. Das Wort *„Substanz"* selbst meint das, was *„unten steht"* oder, *„was hinter den Dingen liegt."* Daher nimmt man an, dass der „Äther" das Medium ist, über dessen **Energiefelder** Ideen in Materie verwandelt werden oder als Kraft wirken, die sich wahrnehmen lässt. Das Atom besitzt Eigenschaften von einer Art lebendiger Aktivität, die sich verändern kann, so dass man sagen kann: Das Atom ist eine „lebende Einheit", eine kleine vibrierende Welt, innerhalb deren Lebenssphäre noch andere *„Leben"* zu finden sind, so wie sich auch in jedem Menschen, der eine Entität voll Kraft und Leben ist, noch andere „Lebewesen" in seiner Einflusssphäre befinden, so z.B.: Zellen und Organe des Körpers. Genauso vibriert auch durch den Mikrokosmos eines jeden Atoms absolutes Leben als „Intelligenz oder

Bewusstsein".

„UR-BEWUSSTSEIN" IM MINERALREICH

„Mikrokosmische Elementarteilchen" sind auf der grundlegenden Ebene kohärente Organisationsformen, die durch Informationen gebildet werden, eine Art *„Form des Bewusstseins". „Denn so wie jeder Moment des Bewusstseins einen gewissen expliziten Inhalt hat, der einen Vordergrund darstellt, so hat er auch einen impliziten Inhalt, der einen dazugehörigen Hintergrund besitzt. Genauso hat auch ein Materieteilchen oder eine Welle als expliziter Teil einer Ganzheit ihre Ergänzung in der impliziten Ordnung. Denn jedes sinnlich wahrnehmbare und physikalisch messbare Phänomen ist nur das in diese materielle Welt hineinragende Ende einer umfassenderen spirituellen Wirklichkeit eines spirituellen Bewusstseins."*[25] Heute spricht man in der Physik von einer „Selbstorganisation des Universums" und in der Materie von einer innewohnenden „Intelligenz". Es gibt dabei nur Gradunterschiede der Teilhabe an diesem quasi vibrierenden[26] und alles vernetzenden „Bewusstsein".

---

25 David Bohm: „Implizite Ordnung", S. 408
26 Jean Charon: „Elektronen besitzen eine geistige Substanz und sind Träger eines eigenen Geistes."

Danach wählen sich auch Atome nach „Plan" ihren eigenen Weg; denn sie haben die *„Fähigkeit zur Wahl"*, und dies in aufsteigender Linie vom tiefsten Grund der Materie bis hinauf zum Gipfel als Bewusstsein einer formativen Einheit. Es ist eine Art „Auto-Determination" oder quasi der Ansatz zu einer „Denkfähigkeit".[27] Denn das Atom selbst besitzt Eigenschaften von einer Art Aktivität, die sich verändern kann: *„Durch jedes Atom in der Welt vibriert absolute Intelligenz"*, die in Form von **Radioaktivität** bei allen Umwandlungen auf zweierlei Art wirkt: **als schöpferisch-spirituelle und als zerstörerisch-materielle Kraft**. Diese Energien können wir zwar „physikalisch" messen, sie unterliegen aber in ihrem Zusammenschluss als Urenergie („Radioaktivität") nicht mehr dem kosmischen „Lichtmaß"[28], weil die Urenergie eine trägerfreie Energie ist, die das Universum erfüllt.

In diesem Zusammenhang wird daher unter dem Begriff **Radioaktivität** automatisch der historisch geprägte

---

27 Alice Bailey: *„Der Streit, ob die Natur des Atoms in dieser oder anderer Form als letzten Faktor in allen physischen oder chemischen Prozessen angesehen werden muss, scheint sich auf höchst einfache Weise lösen zu lassen, nämlich durch die Annahme, dass diese unendlich winzigen Atome als Zentren von Kraft eine bleibende Seele besitzen, und dass jedes Atom Empfindung und Bewegungskraft hat."*

28 Einstein / endliche Licht-„Geschwindigkeit" im Kosmos als raumzeitliche Brechung des universalen Lichtes

Begriff „radioaktiver Zerfall" oder „Kernzerfall"[29] verstanden. Das aber meint in erster Linie lediglich die Mengenabnahme des Ausgangsstoffes beim Zerfall instabiler Atomkerne, die sich spontan unter Energieabgabe umwandeln. Dabei wird die freiwerdende Energie als ionisierende Strahlung energiereicher Teilchen abgegeben. Diese makroskopische Sichtweise charakterisiert den Vorgang nur unvollständig, denn auf der Ebene der Atome findet ständig eine **gesetzmäßig definierte Umwandlung der Kerne in bestimmte andere Kerne** statt. Und das ist der Übergang von einem Daseinszustand in einen anderen. Umwandlung hängt auch mit dem vibrierenden „Leben des Atoms", quasi mit „seinem Bewusstsein", zusammen. Dieser Bewusstseins-Aspekt bleibt jedoch gegenwärtig noch hinter unserer Unkenntnis der Gesetze verborgen, welche für die Radioaktivität bestimmend sind. **„Radioaktivität"** entspricht in der östlichen Vorstellung

---

29 Durch radioaktiven Zerfall wandeln sie sich Isotope eines (schweren) Elementes nach mehr oder weniger langer Zeit in andere Atome um. **Isotope** sind Atomkerne, die eine gleiche Protonenzahl besitzen und damit zum gleichen Element gehören, aber eine unterschiedliche Zahl von Neutronen und daher verschiedene Massen haben. Physikalisch unterscheiden sie sich durch den Spin (Eigen-Drehimpuls), unterschiedliche Reaktionen, magnetisches Moment, Impulsmöglichkeiten und Volumen. Ionisierende Strahlung versetzt neutrale Teilchen in einen elektrisch geladenen Zustand. Die unter dem Einfluss radioaktiver Strahlung entstehenden **Radikalen** (Atome oder Moleküle mit mindestens einem ungepaarten Elektron, die meist überaus reaktionshungrig sind) beeinträchtigen bei belebtem Gewebe die Funktion der Zellen.

der „Vishnu-Brahma"-Energie oder der durch die Materie hindurch vibrierenden und sie durchstrahlenden **Urenergie**. Es erscheint deshalb notwendig, die allgemein übliche Auslegung des „Atom"-Begriffs zu erweitern, so dass man darunter nicht nur das Atom der Chemie versteht, sondern auch: das „bewusste Leben" im Zentrum der festgestellten positiven Ladung elektrisch-magnetischer Kräfte.

Die vermittelnde Brücke zwischen spirituellen Eingaben und grobstofflichen Manifestationen im Kosmos, zwischen impliziter und expliziter Ordnung[30], ist allein der „Äther", das *Protoplasma*, also jene *„feinstoffliche Substanz"*, die schöpferisch auf die grobstoffliche Materie einwirkt. Exakter wäre sie vielleicht als ein ätherischer Zustand definiert, der von Bearden als **„skalare Felder"**[31] bezeichnet wird, wobei noch immer die immense Wirkung dieses Zustandes auf die Materie nicht völlig verstanden worden ist.

Bereits im 19. Jh. vermerkte der Chemiker **Henry Cavendish** zu diesem Zustand der Ignoranz der wissenschaftlichen Forschung: *„Allein die Akzeptanz des Äthers wird die Lösung bei allen schwierigen Problemen herbeiführen. Denn alle materielle Schöpfung geht*

---

30 David Bohm: „Implizite und Explizite Ordnung"
31 Thomas Bearden (Excalibur briefing)

von diesem Zustand der vierten (nach heutiger Sicht die 5.) Dimension aus und ist nur darüber zu begreifen. Ist der kosmische Zeitpunkt erreicht, an dem das zu offenbarende Sein wieder fällig ist, wird ein „Samen" gesät: Ein Ruf geht dann von der vierten Dimension in die dreidimensionale Welt hinüber und wird sichtbar. Der „Samen" sind die Gedanken, die in die materielle Welt eintreten und in dieser nun ein Partikel Materie sind. In ihnen sind alle zum Wachstum notwendigen Eigenschaften eingeschlossen. Jeder Stern entspringt einem solchen Gedanken und untersteht dann den Gesetzen der Dreidimensionalität. Hat aber ein Planet seine vorbestimmten Ausmaße erreicht, beginnt er wieder sich zu entmaterialisieren".

Die im Ausfluss der Urenergie des Lichtes enthaltenen Ideen haben also grundlegende Bedeutung für die erst danach im Kosmos folgenden Manifestationen. Die Art dieser Überschneidungen ist für die gesamte Materie gestaltgebend und formbestimmend. Denn alle „Teilchen" sind über „Wellen" miteinander direkt verbunden und beeinflussen sich ohne Zeitverlust über jene **„skalaren Energiefelder"** der so genannten **„Nullpunkt-Energie"**, in welcher quasi alles in der Schöpfung als Ideen oder Samenform angelegt ist; denn die wichtigste Eigenschaft der Urmaterie ist allein der dahinter wirkende Geist, der zwar selbst formlos und unmanifestiert ist, aber dessen verbindende übertragende „Partikel", jene formbestimmenden Tachyonen[32] sind, die permanent Über-Lichtgeschwindigkeits-Felder erzeugen. **Tachyonen sind Nullpunkt-Energien in Partikelform** und haben darum keine spezifische Frequenz; sie enthalten aber alle Informationen im schöpferischen Energiefluss innerhalb des Universums. Es sind „vorausgesagte" Teilchen, die sich schneller als mit Lichtgeschwindigkeit bewegen, experimentell aber nicht nachgewiesen werden können. Der Begriff wird im Zusammenhang mit Nullpunktenergie verwendet. **Nullpunkt-Energie** ist eine Art Schwingungsenergie, die niemals einen energielosen Zustand erreicht und mit den Schwingungen der Unschärferelation identisch ist. Wichtig ist, dass diese Schwingungen keine spezifische Frequenz haben und daher durch Fremdenergien nicht beeinflusst werden können. **Nur über die Tachyonen erhalten alle feinstofflichen und physischen Ebenen Zugang zu allen Informationen**; denn das Umsetzen von Ideen geschieht durch einen Prozess kontinuierlicher radioaktiver Energieverstrahlung von Strukturen bis hin zur Materie[33].

---

32 Definition bei Wikipedia: Tachyonen (altgr. tachýs = ‚schnell') sind hypothetische Teilchen, die sich schneller als das Licht bewegen. Solche Teilchen werden als superluminar bezeichnet.
33 Christian Opitz: „Tachyonen-Energie im Überblick", S. 44

Der Streit, ob die Natur des Atoms in dieser oder anderer Form als letzter Faktor in allen physischen oder chemischen Prozessen angesehen werden müsse, scheint sich auf höchst einfache Weise lösen zu lassen, nämlich durch die Annahme, dass Atome als Zentren von Kraft eine bleibende „Seele" besitzen, und dass jedes Atom „Bewusstsein" und Bewegungskraft hat. Diese Deutung zeigt, dass man sich hier in einem fließenden Bereich zwischen Materie, Seele und Geist bewegt, wenngleich die meisten Naturwissenschaftler diesen Aspekt noch immer zu ignorieren suchen. Aber hinter jeder erschaffenen Struktur im Kosmos, sei es ein Gedanke, eine Handlung oder ein materielles Objekt, steht ein **spirituelles Feldmuster**, das nicht nur elektromagnetischer Natur ist. Bei genereller Betrachtung der Atome machen sich zwei Dinge bemerkbar: einmal die intensive Lebendigkeit und Aktivität des Atoms selbst und seine innere atomare Energie, und zweitens sein Wechselwirken mit anderen Atomen, das Abstoßen einiger und Anziehen anderer. Vielleicht kann man daraus schließen, dass die Evolution für jedes Atom auf zwei Ursachen zurückzuführen ist: das innere Leben des Atoms selbst und seine Wechselwirkung oder seinen Interkurs mit anderen Atomen.

Das mag wie wilde Spekulation klingen, doch von der Analogie her könnte es auch innerhalb der planetarischen Sphäre eine Wesenheit geben, deren Bewusstheit so weit über der des Menschen liegt, wie das menschliche Bewusstsein über dem des chemischen Atoms. Haben wir nun aber im Atom Intelligenz, im menschlichen Wesen Intelligenz, und haben wir im Planeten eine Intelligenz, welche alle seine Funktionen kontrolliert, sollte es dann nicht logisch sein, eine größere Intelligenz hinter allem zu vermuten?! Dies führt uns letztlich zu dem Standpunkt, den die religiöse Welt von jeher vertreten hat, dass ein Gott oder göttliches Wesen existiert. *„Wo der Christ ehrfürchtig ‚Gott' sagen würde, würde der Wissenschaftler mit gleicher Ehrfurcht ‚Ur-Energie' sagen, und doch würden beide das gleiche meinen."[34]* (Alice Bailey)

Beim 1. Naturreich, dem **Mineralreich**, geht es daher nicht allein um das Atom selbst, sondern, wie wir heute wissen, um die komplexeste Struktur innerhalb eines subatomaren Mikrokosmos. Dieser ist vom gleichen Urlebensfunken belebt, der innerhalb des materiellen Makrokosmos im Atom den Baustein zur Erschaffung und Erhaltung aller, auch der höchstentwickelten

---

34 Der heilige Paulus mag an etwas Ähnliches gedacht haben, als er sprach, mit dem Leib Christi meine er alle jene Lebenseinheiten, die in diesem Einflussbereich gehalten werden Eine Sanskritaufzeichnung lautet: *„Jegliche Form auf Erden und jedes Atom im Raum strebt mit allen Kräften nach Selbstformung gemäß dem Vorbild, das mit dem Himmlischen Menschen vorgegeben ist. Die Involution und die Evolution ... haben ein und dasselbe Ziel: den Menschen."*

Lebensformen in den drei Naturreichen bereitstellt. Denn: Ein Atom ist ein Mikrokosmos elektrischer Phänomene, ein Energiezentrum, aktiviert durch seine eigene innere Struktur, das Strahlung abgibt und die Kernsubstanz ist, aus welcher alle Formen dieses Naturreiches gebildet sind.

Verdichtung und Umwandlung ist als fundamentales „Bewusstsein" ein Charakteristikum aller atomaren Materie. Es bestimmt den Aufbau und die Verbindungen von Atomen, worauf die sichtbaren Strukturen aller Gestaltungen zurückzuführen sind, alle Formen und Gestalten im Mineralreich, im Pflanzenreich, im Tierreich bis hin ins Menschenreich. Es ist die Gesamtheit dessen, was wir „Natur" nennen. Auf diese Weise kann jedes Naturreich als eine Totalität oder Sphäre angesehen werden, durch die sich ein „Bewusstsein" irgendeiner Stufe oder eines Grades manifestieren kann.

DAS PFLANZENREICH – ZWEITES NATURREICH

URGESTALT IM PFLANZENREICH

Im Pflanzenreich formieren sich Atome zu ersten molekularen Verbindungen als Beginn aller belebten und entwicklungsfähigen Gestalten von Pflanzenfamilien. Dieser zweite Aspekt ist der des „fühlenden Bewusstseins" in allen Formen, und das Pflanzenreich ist die Wesensäußerung dieses Aspektes, welcher in der Welt der Phänomene und durch das Gesetz der Anziehung einen gestalthaften Zusammenschluss herbeiführt. Damit beginnt im Pflanzenreich ein Prozess unendlich differenzierter Gestaltungen durch einen sich allmählich verfeinernden Kontaktmechanismus, wodurch sich die Gestaltungsmöglichkeiten ins Unendliche erweitern. Denn aus Atomen werden Moleküle, und aus diesen wiederum komplizierte organische Zellgebilde. Im Laufe der Entwicklung wird die Reaktion einer lebenden Wesenheit auf Kontakte zunehmend impulsiver, wobei sich diese Wechselwirkungen in einer Welt von Energien voller vibrierender Kraftzentren offenbaren.[35] Dabei ist jede Einzelform ein „Universum" für sich, von Leben erfüllt und von Energie durchpulst. Es ist eine endlose Reihe zellularer Lebensimpulse, die immer wieder in eine Form eingepflanzt werden und sich in unaufhörlicher Bewegung befinden, und die ersten „Gruppierungen" auf Erden.

---

35 „Kohärente Wechselwirkungen haben in allen biologischen Systemen eine besonders wichtige Bedeutung, weil auf ihnen die Gestaltbildung in den Zellen beruht." Biophotonen, S. 211

Für die Verbindung von Atomen zu Molekülen sind Bewegungsenergien verantwortlich, die über elektrische Anreize von einem Reaktionspartner ausgelöst wurden. Sobald diese angeregt sind, ändert sich die elektronische Ladungsverteilung auf die Teilchen derart, dass sie sich gegenseitig anziehen und mit dem Partner eine neue, stabile Einheit bilden. Danach befinden sich Zellen nicht mehr in einem „chaotischen Wellenbad", sondern in einem geordneten **„kohärenten Biophotonenfeld"**; denn „Biophotonen" sind dabei die optimalen Regulatoren aller chemischen Umsetzungen. Von nun an gibt es eine planmäßige Steuerung, weil jede chemische Reaktion auf diese Weise gezielt die erforderliche Frequenzkomposition und Polarisationsrichtung erhält. Es handelt sich also um Kräfte, welche die Tendenz zur Kohäsion, zur konkreten Gestaltung und deren Stabilisierung haben. Basis dieser Energien sind die **„Neutrinos"**. Dieser Prozess wird durch das Bioplasma[36] ermöglicht, das die Totalität aller Teilchen darstellt und wie ein einziges Ganzes funktioniert. Denn die Gesamtheit aller Lebewesen (Biosphäre) ist durch das Licht miteinander verbunden, eine sich gemeinsam entfaltende Einheit.

---

36 Für die Physik ist das „Plasma" ein vierter Aggregatzustand der Materie, eine Art Medium mit Halbleitereigenschaften und Laserqualität. (vgl. Biophotonen 203)

Das „*Bioplasma" besitzt Halbleitereigenschaften*[37] und ist ein biologisches Medium mit Lasereigenschaften, in dem Energien durch Oszillationen gespeichert werden. Auf diesen Phänomenen beruhen nach Auffassung der Biophotonenforscher biologische Gruppenformationen und Gestaltbildungen in Zellpopulationen oder Organismen.[38] Das Licht ist dabei immer das organisierende Prinzip auf Erden, denn dessen Frequenzen bestimmen die Strukturen. Sonnenlicht verknüpft die ersten Moleküle zu größeren Gebilden, welche die Anfänge der biologischen Entwicklung darstellen. Darum befindet sich auch in allen biologischen Gebilden Licht: **Biophotonen**. Biophotonen sind die Lichtquanten einer Strahlung, die aus lebenden Zellen kommt. *„Diese Biophotonenstrahlung hat ihren Ursprung in elektronisch angeregten Molekülen."* (Popp)

Biophotonen sind für die Kommunikation der Zellen untereinander notwendig und dienen zugleich einem Informationsaustausch. Denn der gesamte pflanzliche Stoffwechsel wird zentral von ihnen gesteuert und hängt mit dem Mysterium der Elektrizität zusammen.

---

37 „Bioplasma besitzt Halbleitereigenschaften. Nach Injuschin ist es ein Medium mit Lasereigenschaften, in dem Energien durch Oszillationen gespeichert werden. Auf diesen Phänomenen beruhen nach Auffassung der Biophotonenforscher biologische Erscheinungen wie Gruppenformationen und Gestaltbildung in Zellpopulationen oder Organismen." (Fritz-Albert Popp)

38 Fritz-Albert Popp

Es ist strahlende, elektrische Substanz, aktiver intelligenter Äther, erfüllt von Kräften, die blind wirken und unter den kosmischen Energiegesetzen stehen. Dabei gibt es ein globales Ziel, zu welchem das Leben als ein Ganzes ständig hinstrebt: **Wachstum und Erweiterung der Kommunikation und Kooperation.**[39] Zellen erweisen sich bereits dabei als hochstrukturierte Gebilde, wobei die Bildung und Aufrechterhaltung dieser „Architekturen" eine konstante Energiezufuhr erfordert. Diese in strukturierten Formen gebundenen Energien werden bei der Auflösung dieser Strukturen wieder freigesetzt, wodurch die Zellen „aufleuchten"; Ursache dafür ist eine erhöhte Strahlungsintensität vor jeder Zellteilung.

Das ist der Beginn von Wechselwirkungen zwischen Energien und pflanzlichen Erscheinungen. Durch den allmählich sich verfeinernden Kontaktmechanismus, der selbst Lebensäußerungen der Zellkomplexe bestimmt, aus denen eine Form besteht, erweitern sich innerhalb einer Evolution die Gestaltungsmöglichkeiten ins Unendliche. Das Pflanzenreich ist eine Lebenssphäre der „Neigungen", was jeweils für eine „Pflanzenfamilie" gleicher Wesen gilt, deren Lebenssphären als „Gruppenseelen" geeint sind. Das Pflanzenreich bildet somit die Brücke zwischen dem „Mineralreich"

---

39 vgl. Biophotonen S. 237

und dem „Tierreich". Denn das Prinzip des Pflanzen-reiches ist die Qualität der **Anziehungskraft**, die sich vornehmlich in Farben äußert und die höchste Aus-drucksform von Aktivität in diesem Naturreich ist. Es ist quasi eine Vorform der Kommunikation, die sich bei höher entwickelten Pflanzen noch durch Wohlgeruch bemerkbar macht. Denn Duftstoffe hängen mit der Fortpflanzung zusammen, also mit dem Fortbestand einer bestimmten Pflanzengattung, wofür Pflan-zen den Wind und Insekten benötigen. Man könnte von einer Art *„Sexualität im Pflanzenreich"* sprechen. Wilhelm Reich bezeichnet diesen biologischen Energie-transfer als Bio-Elektrizität. Das wirkliche Geheimnis des Wohlgeruches, sein Zweck und seine Bestimmung liegt darin, auf jene Kräfte und Mittel einzuwirken, welche die Verbreitung und Fortdauer des Pflanzen-reiches bewirken. Diese Kräfte unterliegen dem un-sichtbaren Einfluss jener Gestaltungsenergien, denen es obliegt, im gesamten Universum Lebensformen zu erschaffen und diese bis zur höchstmöglichen Vollen-dung zu bringen. Das Wesen dieses Strahls kommt in folgenden symbolischen Sanskrit-Worten zum Aus-druck: *„Er hat sein Auge zur Sonne gerichtet; er wendet die Lebensfülle stets den Strahlen der Wärme zu und bewirkt das Wunderspiel der Farben und die herrlichen Wohlgerüche".* (Alice Bailey)

Dieses zweite Naturreich, das Pflanzenreich, schöpft auf Erden seine Lebenskraft aus drei Quellen: der Sonne, dem Wasser und dem Erdboden. Von den beiden letzten Quellen ist es der mineralische Gehalt, der für den Aufbau und Wuchs der Pflanzen von wesentlicher Bedeutung ist, denn die Struktur aller Pflanzenformen wird aus Mineralprodukten gebildet. Diese Struktur wird Schritt für Schritt nach dem spirituellen, ätherischen Modell ausgebaut, wobei der spirituelle Lebenswille, Drang oder Impuls die endgültige Form bildet. Dabei ist es die radioaktive Anziehungskraft des „ätherischen Bioplasmas", welche die für das Formskelett benötigten Minerale zu sich heranzieht.

Denn im Universum ist es ein unumstößliches Gesetz, die geringeren Leben oder Sphären in einen höheren Einflussbereich hineinzuziehen. Diese magnetische Kraft im Leben der gesamten Schöpfung „sammelt" quasi die Bestandteile ihres Manifestationskörpers zur höheren Integration von Gestalten zusammen. Diese radioaktive Anziehungskraft sammelt bei jeder „Wiedergeburt" in einer höheren Monade erneut Materie, wobei in diesem Prozess alle Atome dadurch radioaktiv werden, sodass sie auf ein stärkeres, magnetisches Zentrum reagieren. Durch diese Reaktion kommt auch die allmähliche evolutionäre Entfaltung eines „höheren Bewusstseins" irgendwelcher Art zustande. In Bezug auf das Mineralreich ist man dieser Wahrheit etwas näher gekommen, obwohl die Wissenschaft noch nicht zugegeben hat, dass darauf alle Strahlungen zurückzuführen sind.

Für diese Erkenntnisse und für den „Sprung" in die andere Dimension ist alles physikalische Basiswissen völlig bedeutungslos und hilft selbst den genialsten Spezialisten nichts, und doch ist es notwendig zu wissen, worum es der Physik bisher ging. Ein Einstieg ist nur über die Akzeptanz der „Neutrinos" möglich, weil sie die einzige nachweisbare Spur der Energie aus höheren Dimensionen sind; diese Neutrinos jedoch werden niemals mit der euklidischen Physik zu bestimmen sein. Dafür wird man das „Aufnahmeorgan" erst noch entwickeln müssen, um es zu verstehen, ohne es benennen zu können. Aber letztlich operieren die Menschen auch mit Gravitation und Schwerelosigkeit, ohne zu wissen und zu erkennen, was diese in Wirklichkeit sind. Selbst die Energie der Atomkraft ist keineswegs schon final erklär- und verstehbar, wird aber bereits angewendet und erzeugt. **Urenergie** ist die alles durchflutende Kraft, deren Wirkungen zwar in ihren Manifestationen „ablesbar" sind, sich aber selbst noch immer nicht bestimmen lassen.

SUBSTANZ im PFLANZENREICH

In der Schöpfung ist jede materielle Manifestation (Form) als ein monadisches, also in sich geschlossenes Kraftzentrum und zugleich als ein **„energetischer Knotenpunkt"** zu verstehen, der durch das Zusammentreffen von positiven Energie-Strahlen im Zusammenwirken mit negativ-empfangenden Substanzen über die Urenergie erzeugt und vereint wird. Aber was ist eine Form wirklich?

Im Lexikon findet sich folgende Definition: *„Eine Form ist die äußere Gestalt oder Konfiguration eines Körpers."* In dieser Definition liegt die Betonung allein auf ihrem Äußerlich-Sein, ihrer Berührbarkeit und Manifestation. Das Wort „Manifestation" stammt aus zwei lateinischen Wörtern (*manus* = die Hand, und *fendere* = berühren – ähnlich wie *„handhaben, mit der Hand anrühren"*), wodurch der dreifache Gedanke suggeriert wird, dass das Manifestierte das ist, was allein gespürt und als berührbar erkannt werden kann. Und doch wird in diesen beiden Interpretationen der wichtigste Teil übersehen, so dass man nach einer weiteren Definition Ausschau halten muss. **Plutarch** vermittelt die Idee der Manifestation viel einleuchtender als das Lexikon, wenn er sagt: *„Eine Idee ist ein unkörperliches*

Wesen, das an sich keine Substanz besitzt, das aber gestaltloser Materie Gestalt und Form verleiht und zur Ursache von Manifestationen wird." Dabei handelt es sich um eine Art bipolarer Strukturierung von aktuellen und potentiellen Informationen.[40] Aktuelle Informationen sind energetische Wirkungen (Strahlen), die deutlich wahrnehmbar sind. Potentielle Informationen hingegen gehören in die „Welt der Möglichkeiten".

Diese Informationen wurden bisher von der Wissenschaft praktisch nicht berücksichtigt, obwohl gerade sie es sind, die viele Moleküle, Zellen, Zellverbände, ja sogar ganze Organismen zu einer Einheit zusammenschließen und dazu bringen, als Ganzheit zu agieren. Man spricht in diesem Zusammenhang in der Wissenschaft vom **„Tao-Prinzip"**[41] des Lebens. Es ist der „Tao-Zustand" an der Laserschwelle, der in sich ruht und dennoch ständig neue Energie und Leben schaffende Gegensätzlichkeiten aus sich heraus erzeugt, die durch ihr Zusammenwirken optimale Bedingungen für das Leben schaffen, was auf den verschiedensten Systemebenen jene Polarität hervorbringt, die für die Entstehung, Erhaltung und Weiterentwicklung des Lebens notwendig ist. Es handelt sich dabei um **kohärente Zustände**, die den Zustand des Biophotonen-

40 F.-A. Popp
41 siehe Fußnote Nr. 21

feldes bestimmen. Es ist das Prinzip des Lebens selbst, in dem sowohl die Bildung von Formen und Strukturen aller Lebewesen, wie auch die Regulierung sämtlicher Stoffwechselprozesse zustande kommen. Aber in Wirklichkeit gibt es überhaupt keinen fixen konkreten Zustand von Erscheinungen, denn alles befindet sich im permanenten Wandel. Es gibt nur verschiedene Arten von Kraft, von deren Wirkungen ein wechselseitiger Einfluss bestimmt wird. Die dabei entstehende **Strahlung** ist immer das Ergebnis einer **Umwandlung** und kennzeichnet zugleich jeweils die Vollendung eines „partiellen" Zyklus, der wiederum in der permanenten energetischen „Kettenreaktion" einer Evolution eingebettet ist.

Jene „Knotenpunkte" zwischen geistigen Gestaltungskräften und Materie entstehen durch **„Kohärenz der Biophotonen"**. Kohärenz ist die Fähigkeit von Wellen zur Überlagerung oder Interferenz, wodurch ein geordneter Zustand entsteht, bei dem die Wellen ein zusammenhängendes und kommunikatives Feld bilden.[42] Kohärente Zustände von Biophotonenfeldern sind somit die Schnittstelle zwischen den virtuellen wellenhaften Feldern der potentiellen Informationen und den messbaren teilchenhaften Feldern der aktuellen Informationen. Denn die Wirklichkeit der Schöp-

---

42 Biophotonen, Glossar

fung besteht aus einem „dynamischen Schaukelspiel"
zwischen aktuellen und potentiellen Informationen.[43]
Aktuelle Informationen sind die bekannten energetischen Wirkungen, die mit unseren Sinnesorganen re-
gistrierbar und wegen ihrer Lokalisierung wahrnehmbar sind. Die „potentiellen Informationen" hingegen
sind als „Welt der Möglichkeiten" der zweite Aspekt
der imaginären Wirkungen, die alle Lebensformen be-
treffen.

Man kann diese Biophotonenfelder als Mittler zwischen Körper und Seele[44] bezeichnen. Es ist der fließende Bereich zwischen Materie, Seele und Geist. In
diesem Zusammenhang spricht **Rupert Sheldrake** von
morphogenetischen (bzw. morphischen) Feldern,
einer Art Erinnerungscontainer: Hinter jeder zum ersten Mal gebildeten Struktur, sei es Gedanke, Handlung oder materielles Objekt, steht ein Feldmuster, das
nicht elektromagnetischer Natur ist, sondern jenseits
von Zeit und Raum existiert.

Die daraus folgende Hypothese lautet: Hinter der materiellen Teilchenebene liegen weitere grundlegende,
feinstofflichere „Bewusstseinsebenen" (Frequenzbe-
reiche, Geistbereiche, Bewusstseinsstufen), aus denen

---

43 Biophotonen, S. 211
44 vgl. Biophotonen, S. 399

die gegenständliche Welt hervorgeht und sichtbar wird. Die Biophotonenfelder stehen an der Spitze der Regulierungshierarchie im materiell-physikalisch erfassbaren Bereich. Insofern sind die Biophotonenfelder hinsichtlich des gesamten Evolutionsprozesses der Menschheit als Prinzip immer maßgebend beteiligt, wobei allerdings die Energien unterschiedliche sind. Alles kommt unter diesem fundamentalen Gesetz der Evolution zustande und ist in der Form als Ausfluss und Wirkung eines zentralen Lebens zu verstehen. Es handelt sich um Ideen, die sich manifestieren, sich immer mehr in die Substanz „verlieren" und sich je nach ihren Bedürfnissen in eine Gestalt kleiden, um sich dann wiederum selbst von dieser umgebenden Form zu befreien und eine neue, ihren Bestimmungen angemessenere Gestalt anzunehmen.

Denn immer wenn Gebilde ihren vollkommenen Bestimmungsabschluss erreicht haben und sich in ihrem partiellen Endzustand befinden, erfolgt eine negativ-magnetische Anziehungskraft von übergeordneten höher dimensionierten Monaden, wodurch über erhöhte Strahlentätigkeit (Radioaktivität) Gebilde in einen höheren Verbund einbezogen und umgewandelt werden, um wieder als erneuter positiver elektrischer Impuls für den Aufbau des übergeordneten Gebildes zum Einsatz zu kommen. Dabei ist am Anfang und am

Ende solcher Umwandlungsprozesse immer Radioaktivität der entscheidende Impuls für die permanente evolutionäre Umwandlung in stets neue Gestalten, wobei diese während ihres relativ längsten stationären Zustandes monadisch durch ihre Substanz begrenzt werden. Denn ein Gebilde kann sich nur innerhalb eines solchen „Grenzringes" manifestieren und wird während dieses „stationären Zustandes" durch eine „Trennwand begrenzt". Dabei ist die „Begrenzung" jedes Gebildes der Hauptfaktor des strukturierten Systems einer Manifestation, dient der Stabilität eines Gebildes, bestimmt den größten Teil der Manifestation und hat bis zum Beginn des Umwandlungsprozesses die Oberhand.

Das ist auch der Grund, warum substantielle Begrenzungen bis hinunter zum physischen Atom reichen und als Voraussetzung für eine Umwandlung notwendig sind: Denn Begrenzung bedingt immer die Fähigkeit, diese auch in einer Evolution übersteigen zu können. In einem geordneten Daseinsplan bleibt jede Begrenzung nur so lange bestehen, wie sie zur Erreichung bestimmter Teilziele notwendig ist. Darauf folgt dann eine Auflösung oder **Höherpotenzierung, und das ist das Mysterium der Radioaktivität.** Ilya Prigonine spricht in diesem Zusammenhang von zwei Zustandsmöglichkeiten: **Entropie**[45] **oder Quantensprung**.

Denn organisierte Systeme verlaufen nicht linear, sondern nach folgendem Muster: Alle Systeme „ermüden" bis zum Endzustand der Entropie. An diesem „Bifurkationspunkt"[46] bricht das System zusammen oder aber es kommt zu einem Quantensprung in eine höhere Ordnung: **Zellzerfall oder Höherpotenzierung**. Wenn sich also ein Körper an einem solchen Bifurkationspunkt befindet und die „Ausrichtung der Nullpunktenergie" gut funktioniert, dann erfolgt ein positiver Quantensprung – *„das jedoch ist der Gnade Gottes überlassen"[47]*, worüber die Wissenschaft noch keine Kenntnis besitzt.

Denn in jeder gestalteten Form drängt immer ein Impuls zur weiteren Entfaltung, welche die Grundlage aller Manifestationen und den Hintergrund aller Evolution bildet. Diese erfolgt in drei Phasen: Geburt, stationärer Zustand und Auflösung. Zwar steht der Plan als teleologisches Ziel immer darüber, aber innerhalb der gesamten Entwicklung bestehen dabei auch gewisse Entscheidungsfreiheiten, die wiederum mit der alles

---

45 Entropie = Tendenz zu Unordnung als Verlust von Struktur oder Information; Auflösung
46 Bifurkationspunkt = Weggabelung
47 Ilya Prigonine: *„Bifurkationspunkt ist der Moment, an dem es sich entscheidet, ob es sich um Auflösung oder Höherpotenzierung handelt."*

bestimmenden „Nullpunkt-Energie" zusammenhängen. Denn in diesem „Prozess" entspringen Teilchen und Felder quasi aus dem „Nichts", aber verschwinden auch wieder genauso geheimnisvoll. Es ist das Erscheinen einer anderen Wirklichkeit, ganz im Sinne jener ursprünglichen Zeugung von Teilchen und Welle, die ja auch die Bedingung für das Erscheinen einer Materialisierung sind und ebenso ihre jeweilige Wiederauflösung und Umwandlung im ewigen Kreislauf von Energie ermöglichen. Es ist ein ganz ähnlicher Vorgang wie im Traum: Traumgestalten erscheinen und verschwinden, und dabei handelt es sich um Überschneidungen der Dimensionen, indem sich Energien aus höheren Dimension gestalthaft in tieferen zu Phänomenen umwandeln.

Denn hinter einem **Neutrinostrahl** verbirgt sich die grundlegende spirituelle Natur aller Gestalten[48]. Immer wenn sich ein energiereiches **Neutrino** mit einem **Elektron** in eine Wechselwirkung begibt, entstehen manifeste Strukturen, wobei diese in der Materie über elektro-magnetische Vorgänge erfolgen, die wiederum

---

48 Ähnliches beschreibt Teilhard de Chardin in „Der Mensch im Kosmos": *„Dabei sind Frequenzkohärenzen, die sich zur Biophotonenbildung differenzieren, als Elemente bereits ein „Strukturmuster". Das im Schöpfungsakt ausgegossene Licht ist die Sichtbarmachung des Geistes und enthält als Geistesausfluss alle Grundelemente bereits in sich, die sich dann im ausgegossenen Licht durch Überschneidung der Wellen zu Teilchen zusammenfinden – wie bei einer Zeugung."*

in den Gestaltungen Mutationen hervorbringen. Denn jede erscheinbare Realität besitzt Frequenzgleichheit mit der dahinter wirkenden Idee. Zwischen Welle und Teilchen liegt daher immer Frequenzgleichheit vor.[49] Bei diesen Wechselwirkungen zwischen einem „Neutrino" und einem „Elektron" prallt das Neutrino vom Elektron ab, wobei hohe Mengen von Energie und Impulse ausgetauscht werden und Elektronen mit Protonen durch den Austausch eines Photons in Wechselwirkung treten. Darum bezeichnet man diesen Prozess als **kosmische Strahlung** und die **Neutrinos** als Auslöser derselben auch als „Solare Raumschiffe", *weil sie die einzige Möglichkeit sind, den massiven Schild eines Sternkörpers zu durchdringen und dabei zu „erkennen", wie es in dessen Zentrum aussieht. Diese Botschaften erreichen uns ununterbrochen, von einem Strahl getragen, den wir doch nicht wahrnehmen können."*[50]

Auf keinen Fall dürfen diese Energien als elektro-magnetische Frequenzen verstanden werden, da sie nicht im kosmisch materiellen Bereich festzumachen sind. Es gibt aber eine ganz natürliche Fortsetzung dieser Frequenzen oder quasi „Geistteilchen" in höheren Bewusstseinsdimensionen. Dort haben „Neutrinos" lediglich eine ganz ähnliche Bedeutung wie elektro-

---

49 Das hatte bereits Nikola Tesla festgestellt.
50 Ph. Morrison: „Raumschiff Neutrino"

magnetische Frequenzen im Kosmos. Allerdings haben sie darüber hinaus für den jeweiligen „Substanzzustand" in den anderen Dimensionen noch weitere Bedeutungen. So sind sie z.B. dort für das „Erscheinen" von Gestalten und für die ständige Verwandlung derselben, ähnlich wie im Traum, zuständig. Im Kosmos sind unsere Gestaltvorstellungen meist relativ sehr feste, aber im „Element" Wasser oder Luft ist der Begriff der Gestalthaftigkeit auch in unserer Vorstellung kaum noch anwendbar. In dieser Richtung muss man sich auch die Gestaltgebung über „Neutrinos" vorstellen, die in einem viel höheren Maße als auf Erden allein von der bewussten Vorstellungskraft oder Phantasie abhängen. Allein mit dieser Kraft operiert unser „Ätherleib", der auch die Bilder in der Phantasie und im Traum ermöglicht; und das ist auf die Energie der **Neutrinos** zurückzuführen, worüber auch der Einstieg in die nächsthöhere Dimension erfolgen wird – bis dahin, dass am Ende des nächsten Äons die festen Materieteile der Körper wieder einer „ätherischen Bildhaftigkeit" gewichen sein werden.

Es sind die „Neutrinos", die im Evolutionsprozess als Werkzeug dienen und die Materie nach einem bestimmten Plan gestalten und alle Gestaltungen aus ihrer eigenen Substanz heraus entfalten, wobei der Plan, nach dem diese Prozesse sich entwickeln, den

Neutrinos „eingegeben" wird, bzw. in ihrem „Bewusstsein" immanent vorhanden zu sein scheint. Aber darüber werden alle Formen von innen nach außen „erzeugt", um „Vorstellungen" und Phantasien auf die kosmischen Grundpläne weiterzuleiten, wo sie um strukturelle Muster zirkulieren und von deren eigener Tönung eingefärbt und so mit der Grundtendenz einer Schwingungsqualität imprägniert werden. Diese Ausstrahlungen gehen in geordneten Zyklen von ihrer Urquelle, dem Urstrahl aus und prägen die verschiedenen Zentren in den Gestalten eines Körpers. So zirkuliert diese Kraft („Qualität") von Grundplan zu Grundplan. Vom physischen Standpunkt aus gesehen ist diese Strahlenkraft das, was der Materie **Energie** verleiht, und vom psychischen Gesichtswinkel aus ist sie das, was allen Lebensformen **Qualität und Bewusstsein** verleiht.

Dabei wird deutlich, dass Formen und Gestaltungen an sich reine Illusionen sind; sie bilden nur ab und verhüllen damit zugleich den schöpferischen Impuls, welcher „enträtselt" werden muss. Für eine an ihre äußeren Daseinsbedingungen optimal angepasste Form bestünde an sich darum kein Entwicklungsbedarf mehr. Doch jener immanente Lebensdrang in allen Formen drängt auf eine Weiterentwicklung im Sinne einer zielgerichteten Evolution: Daher sind **Mutationen** notwendig. Mutationen sind geistig infiltrierte Entwicklungssprünge, welche jeder neuen Gestaltwerdung in einem permanenten evolutionären Prozess eine lebendige Dynamik verleihen. Es ist jener immanente Impuls zur Wandlung, der die Maxime einer optimalen Anpassung an jeweils gegenwärtig herrschende Bedingungen zugunsten einer neuen Gestaltbildung außer Kraft setzt, und zwar in Richtung auf ein als Form noch Ungewisses, aber sehr wohl als ein spiritueller Vorentwurf bereits Existierendes. Darum müssen immer wieder **„spirituelle Einflüsse"** angenommen werden, die einerseits in der Materie „quasi stabile" Systeme instabil machen und zum Einsturz bringen, um dadurch auf der anderen Seite eine neue Entwicklungsphase in Gang zu setzen, was wiederum nur durch **radioaktive Einstrahlungen** erfolgt.

Es ist jener allen Gestaltungen zugrunde liegende „spirituelle Plan", nach welchem im Kosmos stabile Zustände vollendeter Anpassung durch neue Impulse schlagartig in einen instabilen dynamischen Zustand „umkippen" können. Und dieser Wendepunkt ist immer eine Phase verstärkter **Radioaktivität**, durch welche eine positiv-elektrische Polung in eine negativ-magnetische überführt wird. Es ist der **radioaktive Prozess** jener verborgenen spirituellen Wirkungen, die mit dem Begriff „Mutation" (lat. *mutare* = „ändern, verwandeln") zwar angedeutet, aber noch nicht erklärt sind. Es ist eine endlose Reihe atomarer Lebensimpulse, die immer wieder in eine Form eingepflanzt werden und sich in unaufhörlicher Evolution befinden. Diese „Mutationen" weisen auf ein *„rudimentäres pflanzliches Bewusstsein"* im Pflanzenreich hin und erfolgen über Neutrinos, denn dafür sind ganz andere Einstrahlungen zuständig, als die für physische Modulationen notwenigen (Quarks). **Neutrinos** sind materiefreie Schwingungen der Urenergie, die Schwingungen in der Materie verursachen, welche deren Neigung zur Zerstörung einerseits hemmen und sie andererseits zwingen, eine sphärenartige Gestalt anzunehmen, um aus dieser Matrix einen materiellen Körper zu erbauen, der von den Neutrinos in eine kohärente Form gebannt wird. Neutrinos sind dabei der auslösende Impuls für diejenigen Strahlungen, die alle Formen durchdringen, und sie zu bestimmten Aktionen und Leistungen antreiben. als dynamische Bewegungsimpulse jedes Atom der Materie in Tätigkeit halten und die Gestaltungen in die für ihre Entwicklung vorhergesehenen Bahnen lenken.

EVOLUTION DER SUBSTANZ

„Evolution ist eine sich ständig beschleunigende Vorwärtsbewegung aller Teilchen im Universum, welche diese gleichzeitig auf einem von Zerstörung begleiteten Weg, doch ununterbrochen und pausenlos, vom materiellen Atom bis zum universalen Bewusstsein führt, in welchem Allmacht und Allwissen verwirklicht werden: mit einem Wort, zur vollkommenen Verwirklichung des göttlich Absoluten." (Alice Bailey)

In seinem Modell der Evolution ist für Fritz-Albert Popp das Entwicklungspotential die Gesamtheit aller Lebewesen als eine untereinander verbunden und sich gemeinsam entfaltende Einheit.[51] Dies vollzieht sich, ausgehend von jenen winzigen Mannigfaltigkeiten, die wir Moleküle und Atome nennen, bis hin zu ihrer Häufung in unterschiedlichen Aggregaten, wenn sie zu Formen gefügt sind.

Evolution ist das primäre Charakteristikum der Gestaltwerdung im zweiten Naturreich, denn im Pflanzenreich beginnt jener **Entwicklungsprozess** aller le-

---

51 Popp in: Biophotonen, S. 237

benden Organismen, deren Element das WASSER ist: *„Aus dem Wasser kommt das Leben."* War das Feuer in der griechischen Philosophie das Element der Seele, so das Wasser das Element des wahrnehmbaren Lebens. Für den Philosophen **Thales** war das Wasser darum die „Ursubstanz" selbst, weil alles Leben aus dem Wasser entsprungen ist. **Empedokles** sieht im Wasser den „Besänftiger" des Feuers, die Harmonisierung von Wille und Liebe in den Manifestationen. In seinem „Modell der Evolution" ist für Fritz-Albert Popp[52] das Entwicklungspotential dieses Pflanzennaturreiches das zentrale Charakteristikum als eine untereinander verbundene und sich gemeinsam entfaltende Einheit, in welcher verschiedene Individuen und Populationen sich nicht nur um ihrer selbst willen entwickeln, sondern auch im Interesse der Gesamtheit aller lebenden Systeme.

Diese biologische Evolution im Kosmos erfolgt über das Licht. So verknüpft z.B. auf Erden das Sonnenlicht die ersten Moleküle zu größeren Gebilden, was der Beginn jeder seelisch belebten Biosphäre ist. Darum befindet sich auch in allem Lebendigen „Licht", das für die Kommunikation der Zellen untereinander und für deren Gestaltung unerlässlich ist. Es ist dieser permanente Umwandlungsprozess, der ständig

---

52 Popp ebenda

Neues hervorbringt, aber partiell auch immer wieder die Auflösung einer bestimmten monadischen Gestalt bedeutet. Es ist jenes Etwas, das alles seinem Ziel entgegentreibt, und jene Kraft, die allmählich aus dem Chaos Ordnung und letzte Vollkommenheit erschafft. Denn wenn wir von Energie sprechen, muss es auch das geben, was Energie spendet, das, was die Quelle der Energie und der Ursprung jener Kraft ist, die sich in der Materie kundtut: Jener schöpferische Wille, welcher selbst in dieser Welt latent vorhanden und wirksam ist und im Kern alles Seins verborgen liegt. Nach A. Wheeler[53] ist *„Das Universum ein sich selbst erzeugender Kreislauf, wobei die Irreversibilität das Merkmal des gesamten Universums ist."*

Im Mineralreich bestand die primäre Aufgabe in der Erschaffung der Trägermaterie; dabei waren „Verdichtung und Umwandlung" das dafür zuständige fundamentale „Bewusstsein", quasi das Charakteristikum aller atomaren Materie. Es bestimmt den Aufbau und die Verbindungen von Atomen, woraus die sichtbaren Strukturen aller Gestaltungen im Kosmos erbaut sind, also die Gesamtheit aller Formen im Mineralreich und alle Grundbausteine im Pflanzen- und Tierreich – alles das, was wir „Natur" nennen.

---

53 Wheeler, J.A.: Geometrodynamics, 1962 in: Biophotonen, S. 402ff

Im Pflanzenreich, dem zweiten Naturreich, ist das Prinzip der **„lebendigen Anpassung"** die Basis dieses rudimentären „Bewusstseins". Es ist die Fähigkeit, sich nach dem Modell zu *„richten"*, das im System einer bestimmten Bewusstseinsdimension festgelegt ist. Das geschieht in diesem zweiten Naturreich mit einer viel bewussteren Anpassungsfähigkeit als im ersten Naturreich, dem Mineralreich, wo der Prozess der Verdichtung sich mehr blindlings vollzieht. Im Pflanzenreich sind auch jene geheimnisvollen und verborgenen alchimistischen Prozesse angesiedelt, welche das Bioplasma dieses Reiches in den Stand versetzen, seinen Lebensunterhalt der Sonne, dem Wasser und der Erde zu entnehmen und diese „Nahrung" in Formen und Farben zu „transformieren". Ziel im Pflanzenreich ist dabei eine magnetische Anziehung. Mit dem Pflanzenreich beginnt also auf Erden ein „Lebensbewusstsein", ein erster Ansatz einer „Evolution als Fortpflanzung", was als Ergebnis den Duft der Blumen hervorbrachte, der bei den höheren Arten des Pflanzenreiches zutage tritt und die höchste Form „pflanzlichen Bewusstseins" repräsentiert. Über den Duft „kommunizieren" Pflanzen mit der gesamten Natur, wobei Gerüche sowohl anziehen, als auch abstoßen können.

ZUSAMMENFASSUNG: ZWEITES NATURREICH

1. Die zunehmende Differenzierung dokumentiert sich im zweiten Naturreich als magnetische Anziehungskraft und als radioaktiver Impuls, der sich in Anpassung, Wohlgeruch, Farbe und Wachsen zum Licht hin als eine Art der Kommunikation kundtut.

2. Die Fähigkeit, sich nach dem Modell zu „richten", das in der alles bestimmenden Bewusstseinsdimension festgelegt ist, äußert sich im Pflanzen-Naturreich mit größerer Anpassungsfähigkeit als im Mineralreich, wo der zentrale Prozess der Verdichtung sich mehr blindlings vollzieht.

3. Geheimnis der Umformung und des Wachstums: Es handelt sich um jene verborgenen alchimistischen Prozesse, welche die Flora dieses Reiches in den Stand versetzen, ihren Lebensunterhalt der Sonne, dem Wasser und dem Erdboden zu entnehmen und diese *„Nahrung in Formen und Farben zu transformieren".*

4. Die Fähigkeit zur Fortpflanzung und damit der Beginn der Evolution alles „Lebens".

5. Die größte Bedeutung der Pflanzen besteht in der Erzeugung einer einheitlich grünen Farbe, die auf dem ganzen Erdball zu finden ist und in welcher

die Anziehungskraft die erreichte Wesensäußerung des diesem Naturreich innewohnenden Lebens ist.

Das Pflanzenreich ist somit der *„Umformer"* aller anderen Lebensformen auf unserem Planeten; und das ist auch die Bestimmung und Funktion dieses Naturreiches als einzigartiger Beitrag der Erde im gesamten Plan des Sonnensystems. Denn jeder einzelne Planet steuert zu den Gesamtleistungen im Sonnensystem, die aus dem Evolutionsprozess resultieren, seinen einzigartigen und individuellen Anteil bei; und das „Pflanzenreich" ist dafür der unvergleichliche Beitrag unseres Sonnensystems, weil darin kein anderer Planet Pflanzen hervorzubringen vermag.

DAS TIERREICH – DAS DRITTE NATURREICH

Im gesamten Entwicklungsprozess auf Erden ist die Linie am augenscheinlichsten, die mit der Evolution der **Substanz**, dem „Werden und Vergehen" der atomaren Materie zu tun hat. Daneben gibt es aber auch noch eine Evolution des **Bewusstseins**, das sich von einer rein materiellen und biologischen Evolution unterscheidet. Darum ist die Frage berechtigt: Gibt es hinter der objektiven Form aller Manifestationen auch eine Evolution des Bewusstseins, eine die Gestaltungen von Innen heraus belebende „Intelligenz"? Eine solche Betrachtungsweise der Evolution als ein Entfalten von innen nach außen würde bedeuten, dass sich alles aus einem spirituellen Zentrum her entrollt und Evolution lediglich die Entfaltung einer stetig zunehmenden Reaktionsfähigkeit ist, womit man eine sehr einleuchtende Begriffsbestimmung bei der Betrachtung aller Manifestationen des Materie-Aspektes hätte; denn eine solche Betrachtung beinhaltet das **Prinzip der Schwingung und der Resonanz auf Schwingung.** Das betrifft den in aller Materie immanenten „intelligenten Willen": DAS BEWUSSTSEIN.

Im dritten Naturreich, der „Tierwelt", beginnen sich in der unermesslichen Arten-Vielheit ihrer Gestaltungen dieselben mehr und mehr zu individuellen Wesenheiten zu differenzieren. Damit verliert im „Tierreich" der Einfluss der „pflanzlichen Gruppenseele" zu Gunsten sich herausbildender „Einzelseelen" seine alles beherrschende Kraft. Jede „Einzelseele" erhält viel mehr Entscheidungsfreiheit und erfährt erstmalig **Polaritäten**, die zu einer Herausforderung werden, mit denen ein Bewusstsein sich auseinandersetzen muss. Ab jetzt erfährt es die Notwendigkeit, sich zwischen *Sympathie* und *Antipathie* zu entscheiden. Im ersten Naturreich, dem Mineralreich, bestimmte primär der „Schöpferwille" das gesamte Geschehen. Im Pflanzenreich erweckt eine Art „Seelen-Impuls" erstmalig alles Leben als Gesamtbewusstsein im schöpferischen Evolutionsprozess. Im dritten Naturreich endlich entwickelt sich für die Anpassungsfähigkeit der „Instinkt", der sich mit der Entwicklung zu den höheren Tieren immer deutlicher richtungsweisend bemerkbar macht.

Im Naturreich der Tiere entfaltet sich damit auch der hinter allem stehende und alles bestimmende Geist zum **individuellen Bewusstsein**, das am Ende der Evolution dieses dritten Naturreiches im Menschen endlich sich seiner selbst bewusst wird. Es ist jene Befähigung, die bereits in der Tierwelt Reaktionen auf das Leben hervorzubringen vermag, welche man bereits als bewusste „Zielrichtung" bezeichnen kann und die auf den „freien Willen" des Menschen vorausweisen; denn in den niederen Naturreichen unterhalb des Menschen ist das Bewusstsein noch „blind" und wird erst im Menschen zur erhellenden Offenbarung. So groß der Unterschied zwischen Mensch und Tier auch sein mag, besteht zwischen beiden doch eine viel engere Beziehung, als zwischen Tier und Pflanze. Denn dieses dritte Naturreich wird primär von einem **Instinkt-Bewusstsein** beherrscht, was sich in einer aktiven und zunehmend bewussteren Anpassungsfähigkeit äußert, deren vollkommene Ausgestaltung im

Menschen hier bereits als Ziel angelegt ist und bereits im Tier jenen Reaktionsapparat erschafft und zur Übertragung benutzt, den wir Nervensystem, Gehirn und die fünf Sinne nennen, welche angeregt werden, als Empfangsorgane zu fungieren. Denn – wie beim Menschen – besitzen höhere Tiere als erste Geschöpfe auch eine *„planvolle Ausgestaltung des ätherischen Körpers"*, welcher über sensorische Zentren die *wirklichen Nerven* (die **Nadi** des feinstofflichen Energiekörpers) für jeglichen „Empfang" bereitstellt.

Und das ist der **Ätherleib**, der mit dem physischen Körper koordiniert ist und über die Nerven und sensorischen Zentren mit diesem interagiert. Auch Pflanzen haben eine Art „Nerven", doch diese haben nicht solche komplizierten Bahnen und Geflechte, wie sie das Tier und der Mensch besitzen. Denn Tier und Mensch haben im Allgemeinen dieselbe Anordnung von Nerven, Kraftzentren und Kanälen, wobei die höher entwickelten Tiere bereits noch mit einer Wirbelsäule und einem Gehirn ausgestattet sind und die Organe ihres sensitiven Reaktionsapparates bereits das Resultat einer *„Verdichtung des feinstofflichen Ätherkörpers"*[54] sind. Dieser ermöglicht jene Transposition des Reaktionsapparates, bei der sich bereits im „Primaten" be-

---

54 Es handelt sich um die auf dem Ätherleib befindlichen Energiezentren, die Chakren, welche gewissermaßen die Organe des Ätherleibes sind.

stimmte psychologische Faktoren vereinigen, die letztendlich zur Menschwerdung führen. Es handelt sich dabei um den Prozess, der **bewusstes Leben** mobilisiert und **psychologische Entfaltung** bewirkt. Dieser Prozess beginnt im Tierreich und findet im Menschen seine Vollendung.

Das Tierreich entnimmt seine Nahrung in der Hauptsache der Sonne, dem Wasser, dem Pflanzenreich und dem Tierreich selbst (Fleischfresser, Aasfresser). Der für die Knochenbildung benötigte Mineralgehalt steht hier bereits in einer verfeinerten und höher entwickelten Form zur Verfügung, da die Mineralien auf dem Umwege über die Pflanzen absorbiert werden. Denn jedes Naturreich bringt in der Stufenfolge der Entwicklung dem nächstfolgenden Reich „Opfer" dar. Das Gesetz des Opferns bestimmt die Eigenart eines jeden Naturreiches. Daher kann man jedes Reich als eine Art „Laboratorium" ansehen, in dem jene Nahrungsstoffe bereitet werden, die für den Aufbau von ständig verfeinerten Strukturen erforderlich sind.

Die bedeutendsten Entwicklungs-Aspekte sind also im „Tierreich" folgende:

1. Anziehungskraft als triebhafte Begierde zur Fortpflanzung

2. Biologische Evolution / Fressen und Gefressenwer-
den
3. „Bewusstwerdung" als Instinkt, besonders bei Primaten

ÜBERGANG VOM DRITTEN NATURREICH ZUR MENSCHHEIT

Der Mensch gehört zwar als höchstentwickelte „ani-
malische Spezies" noch in das dritte Naturreich, mar-
kiert aber als seiner selbst bewusster **„Geistträger"**
zugleich den fließenden Übergang vom materiellen
Kosmos zu den spirituell höheren Bewusstseinsdimensionen. Daher muss man die „Menschheit" aufgrund ihrer Stellung als Bindeglied zwischen zwei
unterschiedlichen Bewusstseinsdimensionen auch als
eine eigene, selbstständige „Sphäre" ansehen. **Der
Mensch** ist somit der Vermittler zwischen Geist und
Materie, quasi die **„personifizierte Unschärferelation"** und steht darum auch bereits mit in der **„Verantwortung"** für die gesamte Schöpfung.[55]

Die gravierendste Gemeinsamkeit zwischen Mensch
und Tier ist der Aspekt der **Sexualität**, weil diese die

Basis aller Beziehungen zwischen physisch-animalischen Körpern ist. In spirituell-universaler Auslegung ist das Wort „Sexualität" eine Beschreibung der Beziehung, die zwischen **Geist und Materie** und zwischen **Leben und Form** besteht. Im Grunde genommen ist diese Beziehung eine Auswirkung des Gesetzes der Anziehung, jenes fundamentalen Gesetzes, das allem Leben in Manifestationen zugrunde liegt, weil im Kosmos dadurch auch alle Geschöpfe ins Leben gerufen werden. **Es ist der radioaktive Aspekt schlechthin!**

Im menschlichen und physischen Sinn wird das Wort „Sexualbeziehung" gebraucht, um die Zeugungsfunktion eines Mannes mit einer Frau zu kennzeichnen. Im durchschnittlichen Sprachgebrauch bedeutet es die lockende Befriedigung eines tierischen Impulses, dem um jeden Preis gefrönt werden müsse. Wie alles in der Polarität im Kosmos ist auch das Wesen der Sexualität eine Dualität, nämlich die Trennung in zwei Aspekte oder Hälften einer ursprünglichen Einheit, die wieder zu überwinden ist. Diese zwei Seiten eines Ganzen entsprechen und bedeuten in der Schöpfung **Geist und Materie, männlich und weiblich, positiv und negativ, Yin und Yang**. Ihrem Wesen nach streben diese im Kosmos getrennten Aspekte in der Sexualität als ursprünglichster Verschmelzung wieder zusammen, um im weiteren Prozess einer Höherentwicklung den

Endzustand einer „androgynen Einheit" zu erreichen. In der Menschheitsgeschichte ist der wahre doppelgeschlechtliche Typus immer als Garant dafür angesehen worden, dass in ferner Zukunft die menschliche Evolution ein Ziel erreichen wird, das die beiden getrennten Hälften wieder in der ursprünglichen Verbundenheit zeigt: den göttlichen Hermaphroditen, den wahren androgynen Typ von Mann-Frau, den Menschen in seiner Vollendung, und zwar genauso wie in höheren Bewusstseinsdimensionen, in denen es einen geschlechtlichen Gegensatz auch nicht mehr gibt.

Abgesehen von der Mensch und Tier gemeinsamen Sexualität lassen sich noch weitere Aspekte in Funktion vergleichen: Der Mensch hat gegenüber dem Tier, das triebgesteuert ist, einen zielbewussten Willen, der Absicht und Planung beinhaltet, ferner Entscheidungsfreiheit sowie die Fähigkeit zur Selbsterkenntnis. Diese Aspekte sind dem Menschen angeboren und bestimmen seinen gesamten Bewusstseinsraum, der beim Tier nicht aktiv ist. Eine Art Übergang zwischen Tier und Mensch sehen wir in den Primaten und in jenem mächtigen Faktor, der z.B. ein Trainieren der Tiere möglich macht. Dieser Faktor ist die gemeinsame Fähigkeit, zu lernen, anhänglich zu sein, willige Dienste zu tun und vom Status eines Herdentiers in die „persönliche Beziehung" eines Haustieres hineinzuwachsen. Diese in das Tierreich einströmenden Energien bewirken ganz allmählich eine Art **„instinktiver Denkfähigkeit"** der Tiere. Dieses Stimulans hat eine systematische Höherentwicklung des tierischen Bewusstseins zur Folge. Hierbei ist der Mensch dem Tierreich gegenüber eine Art ursächlicher Faktor, denn dem Menschen ist die Aufgabe übertragen, auch das Tier „über sich selbst hinaus" zu einer „Befreiung" zu bringen, und zwar zur Befreiung in den nächsthöheren Bewusstseinsbereich.[56] Was wir als **radioaktive Strahlung im Mineralreich** und als **Blumenduft im Pflanzenreich** antreffen, **tritt im Tierreich als „instinktive Ergebenheit" in Erscheinung**, die für das Zusammenleben von Mensch und Haustier so charakteristisch ist. Im Laufe der parallelen menschlichen sowie tierischen Bewusstseinsentwicklung[57] wurde die einst primär physische Beziehung zum Tier durch eine hinzukommende „emotionale Komponente" bereichert. Dies scheint zwar der Mensch immer noch als den „Willen des Tieres" zu deuten, nämlich seinen Herrn zu lieben; aber dieses Verhalten wurzelt viel tiefer und ist fundamentaler als die Befriedigung des menschlichen Verlangens nach Liebe.[58]

---

56 vgl. Jakob Lorber: Das „Mitnehmen" von Tierseelen bei der Inkarnation
57 Gebser: „Ursprung und Gegenwart"
58 Das Tier hat einen Trieb, der Mensch einen Willen (Eigenwillen), der immer an ein bewusstes Ego gebunden ist. Ein Tier gibt sich bedingungslos hin wie das Kleinkind; der Ego-bestimmte Mensch dagegen nur reflektierend.

Auf jeden Fall ist das Band zwischen Tier und Mensch am Ende der Entwicklung des „dritten Naturreiches" zu einem „Zweifachen" geworden: zu **einem physischen und einem emotionalen**. In Zukunft wird mit dem neuen, supramentalen Bewusstsein der Menschheit noch eine dritte Beziehung zwischen Tier und Mensch entstehen, die über das Denkvermögen zustande kommt. Erst die Macht der Gedanken wird es mit der Zeit fertig bringen, dass der Mensch die Kluft, die zwischen ihm und dem Tierreich existiert, überbrückt; und dies wird durch die Macht der Gedanken erfolgen, die das Bewusstsein des Tieres beherrschen und lenken werden. Das wird nicht mehr rein mental erfolgen, eher telepathisch und ein einzigartiger „spirituell- gedanklicher Ansporn" sein. („Pferdeflüsterer", Telepathie mit Tieren).[59]

Denn allein die Kraft des menschlichen Bewusstseins wird am Ende der alles beherrschende Faktor sein; und durch seine Geisteskraft wird der Mensch die drei unter ihm liegenden Naturreiche über seine eigene Bewusstseins-Transformationen transzendieren können. Mit dem Tierreich ist es noch nicht so weit, doch werden ständig Fortschritte gemacht; und jene Gebiete auf Erden werden ständig kleiner werden, in

---

59 Die idealisierende Vorstellung, dass Mensch und Tier wie im „Paradies" friedlich nebeneinander leben.

denen das Tier noch Herrscher ist. Gewisse Gattungen werden aussterben, sofern man sie nicht in Reservaten am Leben erhält. Es ist klar, dass sich die gegenseitige Beziehung zwischen Tier und Mensch dahingehend auswirken wird, dass auch Tiere auf eine „höhere Entwicklungsstufe" gebracht werden, z.B. in eine Form der „Individuation". Das wäre dann die Endphase der „Transfusion", des Hinübergleitens aus einem Lebensbereich in einen höheren, was auch für die Bewusstseinsentwicklung der Menschheit selbst gilt.

ZUSAMMENFASSUNG TEIL III

1. Involution des Lebens in die Materie, wobei sich Energien zu Materie verdichten.
2. Alles unterliegt dem Gesetz von Anziehung und Abstoßung, wodurch Materie und Geist koordiniert werden.
3. Ziel der Evolution aller Gestalten ist eine allmähliche „Vervollkommnung", um dabei wieder eine „Befreiung" des in der Materie eingeschlossenen Lebens zu erlangen.
4. Jeder „Vervollkommnungsprozess" erfolgt über **radioaktive Strahlung.**
5. Für diese „Höherpotenzierung" gibt es in jedem Naturreich gewisse Brennpunkte, über welche

alle atomaren Substanzen durch Einstrahlungen auf eine radioaktive Entwicklungsstufe gebracht werden, um jene „Befreiung" der Essenz in der Materie zu ermöglichen, die wiederum zum auslösenden Moment für eine Transformation in einen höheren Zustand wird.

6. Damit ist die Fähigkeit gemeint, aus einer Sphäre der Energie-Beeinflussung in eine andere Sphäre von höherer Schwingungsfrequenz überzugehen, in der ein „bewusstes Gewahrsein" größeren Spielraum hat.

7. Bereits das Atom der Chemie zeigt Symptome unterscheidungsfähigen „Denkens", rudimentäre selektive Befähigung sowie Elastizität. Zur Weiterführung dieser Eigenschaften kommt im Pflanzenreich noch ein weiterer Aspekt hinzu, den man als eine „Empfindungsfähigkeit" rudimentärer Art beschreiben kann.

8. Die „ursprüngliche Intelligenz" des Atoms hat also während des Übergangs von Form zu Form und von Naturreich zu Naturreich etwas dazu gewonnen: Reaktionsfähigkeit auf Kontakte und ein differenzierteres Wahrnehmungsvermögen. Dies zeigt, dass im Pflanzenreich aus Atomen erbaute Formen nicht nur unterscheidungsfähige „Intelligenz" und Elastizität besitzen, sondern auch Empfindungsfähigkeit, also etwas, das im Tierreich der Emotion

oder dem Gefühl entspricht.

9. Diese Art der „Emotion" ist nichts weiter als eine *„rudimentäre Form von Liebe"*. Im „Tierreich", in welchem die Physis nicht nur alle eben genannten Eigenschaften besitzt, kommt noch der Instinkt hinzu oder das, was sich endlich beim Menschen als Intelligenz entfaltet. Im Menschen erfolgt schließlich die **Synthese aller Bewusstseinsformen: Der Mensch** besitzt Intelligenz, ist zu Gefühlen fähig und hat einen zielbewussten Eigenwillen. Damit lässt sich der Mensch nicht mehr allein in ein „Naturreich" integrieren, sondern ist **in seiner „Gott-Ebenbildlichkeit" die Monade seines eigenen Systems.** Denn der Mensch ist nicht nur bewusst; er ist sich vor allem **seiner selbst bewusst** und synthetisiert seine „dreifache Natur" zu einer kohärenten Einheit, zur „Ebenbildlichkeit", denn auch er ist die Drei in Einem und der Eine in den Dreien: Leib – Seele – Geist.

10. Jedes einzelne Naturreich steigert dabei den „Bewusstseinsaspekt" zu einer immer höheren Vollkommenheit und bekundet eine größere Empfindungs- und Reaktionsfähigkeit auf äußere Umweltbedingungen als das vorhergehende Naturreich.

Das allen Naturreichen im Kosmos innewohnende Geheimnis ist: **Verdichtung und Umwandlung**. Dabei hat jedes Naturreich seinen eigenen Code. Unfassbare ätherische Substanzen werden permanent zu dichten sichtbaren und greifbaren Welten komprimiert, wobei nach einem evolutionären Plan diese objektive (äußere) Welt allerdings wieder in den Urzustand zurückverwandelt werden muss. All das, was während der Erschaffungsperiode des geformten Daseins an Ordnung und Rhythmus, an Tendenzen und Qualitäten ins „Bewusstsein" der Atome, Elemente und Gestalten eingepflanzt wurde, muss über eine Transparenz wieder „aufgelöst" werden. **Und dieser Auflösungs- und Umwandlungsprozess wird durch Strahlung radioaktiver Substanzen bewirkt.** Die Entschlüsselung des „ersten Naturreiches", des Mineralreiches, steht heute in der Atomphysik und Astrophysik an und ist mit der Erkenntnis verbunden, dass die Umwandlungsprozesse in der Materie eine Art **Radioaktivierung** aller Materie beinhalten und als eine Höherpotenzierung parallel zum „menschlichen Bewusstseinswandel ins **Quantenbewusstsein**" verstanden werden können.

Denn bei jeder erreichten Transparenz („Entmaterialisierung") geht es immer darum, in ein „höheres Element umgewandelt" zu werden; und was für die Elemente der Materie gilt, gilt auch für das Bewusstsein. Auf Erden kennt man ca. 120 Elemente, die bereits isoliert werden können, wovon die letzten und höchsten vorerst in isolierter Form den Menschen noch schaden können, z.B. Uran und Plutonium. Aber je höher die Schwingungen im **Bewusstsein der Menschen** werden, werden auch ihre Körperschwingungen verfeinert, und dann haben sie von solchen Elementen nichts mehr zu befürchten, sondern ganz im Gegenteil werden diese radioaktiven Elemente das Bewusstsein und die damit verbundenen Erfahrungen der Menschen enorm erweitern, **weil die Strahlungen dieser Elemente für das Bewusstsein einen öffnenden Charakter haben.**

Es gibt eine alte Sanskritaufzeichnung, die lautet:

„Jegliche Form auf Erden und jedes Atom im Raum strebt mit allen Kräften nach Selbstformung und Höherpotenzierung. Die Involution und die Evolution haben dabei ein und dasselbe Ziel: den Menschen." Das bedeutet: Es gibt kein einziges Atom in der Materie, welches nicht latent „Intelligenz" und selektive Kraft besitzt, das nicht im Verlauf von Äonen jenes fortgeschrittene Bewusstsein erreichen wird, das wir das menschliche nennen, und das nicht jenen allumfassenden Bewusstseinszustand erreichen wird, der im Satz des Orakels von Delphi lautet: *„Mensch, erkenne dich selbst! Denn in dir ist alles zu finden, was gewusst werden kann."*

TEIL IV

DIE MENSCHHEIT –
VERHÜLLUNG UND OFFENBARUNG

Das „*Vierte Naturreich*" *der Menschheit*, das Feld des **Erkennens oder Wissens**, ist so beschaffen, dass es auf jede **Höherpotenzierung** mit seinen eigenen Schwingungen „intelligent" reagiert, wobei das **„*Wort*"** als **bewusste Sprache** das Mittel ist, die Welt verstehend zu interpretieren. Worte sind immer Symbole für Ganzheiten, die kosmisches Geschehen in kurzen, aber komplexen Gedanken auszudrücken suchen. Stellten die über die Strahlungen eingegebenen inneren „*spirituellen Bewusstseinsstrukturen*" noch grundlegende „Prinzipien" dar, so erhalten diese gestaltgebenden Energien durch Sprache nach Maßgabe der jeweiligen Bedingungen im Kosmos konkret wahrnehmbare und wirkende Funktionen, um die prädestinierten Ideen in Gestaltungen und Handlungen umzusetzen und im manifesten Formleben zu offenbaren. Es ist das Kontinuum der **„Evolution des Bewusstseins"**, wohinter sich ein Plan oder ein organisiertes Konzept verbirgt, das sich in materiellen Formen darstellt und auswirkt. Das ist die Fortsetzung einer Entwicklung, die von der einst bloßen Körperlichkeit des Menschen über sein sich entfaltendes Bewusstsein bis hin zur reinen Spiritualität höherer Dimensionen erfolgt. Aufgabe der Menschheit ist es, dadurch wieder eine „*Transparenz der Körperlichkeit*" zu erreichen und dem **Primat des Bewusstseins** wieder zum **„spirituellen Aufstieg"** zu verhelfen; denn allein das Bewusstsein ist unsterblich, während die Körperlichkeit des Menschen als bloßer Träger des Bewusstseins für sich genommen eine *„Illusion"* und vergänglich ist.

Dieser „fließende Bewusstseinsverlauf", der eine permanente Höherpotenzierung bedingt, erfolgt beim Menschen jedoch nicht mehr automatisch wie in der Natur, sondern der Mensch muss mit seinem freien Willen „zustimmen" und insofern jede Höherpotenzierung selbst bewusst mit initiieren. Denn der Mensch bestimmt als *„Zwitterwesen"* (Kentaur) zwischen Geist und Materie die Weiterentwicklung über sein eigenes Bewusstsein mit, wobei den Menschen allerdings entscheidende Hilfen aus spirituellen Quellen zufließen – aber nur, wenn der Mensch selbst dafür die notwendige **Empfangsbereitschaft signalisiert und geistige Vorleistungen erbringt.** Denn bei jeder „Höherpotenzierung" im Bewusstsein handelt es sich um eine Teilhabe am Schöpfungsgeschehen und damit zugleich um eine „Initiation", die das Empfangen höherpotenzierender Einstrahlungen als ein *zulassendes Widerfahren"* erlebt.

„Erkenntnis-Erweiterungen" sind „Primär-Erfahrungen", die nicht auf Konditionierungen beruhen. In den östlichen Theorien ist das Ziel solcher Erfahrungen des spirituellen Bewusstseins das **„Atman"**, im

Christentum ist es die primäre universale Daseinsform: Der **„Heilige Geist"**. Im menschlichen Bewusstseinsprozess wird diese individuelle Selbsterfahrung des Ego nur im Spiegel des Gedächtnisses, und zwar mit zeitlichen Verzögerungen aus sekundären Nachklängen von Primärerfahrungen erreicht.[60] Denn auf der Ebene der **„radioaktiven Primärprozesse" gibt es keine Konditionierung**, weil der Mensch nur auf den sekundären Bewusstseinsebenen konditionierte Reaktionen in Form von Gedanken und Gefühlen hat. Ideen und Gedanken stehen in diesem „Wechselspiel" zwar immer an erster Stelle, müssen aber empfangen werden. Erst danach kann die Umsetzung in eine Manifestation erfolgen, denn jeder Gedanke drängt beständig nach Realisierung in der Welt, wobei die totale gedankliche „Aufschlüsselung" einer Idee im Kosmos erst in Myriaden von Gestalten ihre sichtbare Manifestation findet. Alle daran beteiligten Energien aus dem breiten Spektrum des „Urstrahles" erfahren dabei ständig Einfärbungen[61], wodurch sich die Skala der Frequenzen ständig verändert und zuweilen bis zum Gegenteil einer ursprünglichen Energie-Intention entstellt wird. Denn nach einem „Primärempfang" erfolgt als „eigener Beitrag eines Empfängers" die jeweilige

---

60 A. Goswami: „Das bewusste Universum", S.239
61 Mit anderen Worten: Die meisten Menschen schneidern sich eine empfangene „Wahrheit" so zurecht, dass sie in ihr vorgestelltes Weltbild passt.

Umsetzung, die eine empfangene Idee leider bis in ihr Gegenteil überformen kann, weil sich im „Empfänger" immer auch sein Eigenwille und seine Vorstellungswelt bemerkbar machen.

„Spirituelle Impulse", die das Bewusstsein höherpotenzieren, sind physikalisch gesehen immer sehr hohe Frequenzen **radioaktiver Strahlungen.** Alle „Frequenzen", die empfangen werden und das Bewusstsein erreichen und bestimmen, machen letztlich das „Sein" eines Trägers sowie den Level seiner Bewusstseins-Frequenzbreite aus, wobei es bei allen diesen Prozessen im Wesentlichen immer um die Erregung der **Urenergie** geht, die ja bekanntlich den gesamten Kosmos durchflutet. Denn „geistiges Leben" wird im Unterschied zum bloß naturhaften Leben im Wesentlichen durch eine eigene **Bewusstwerdung** mit bestimmt, denn Bewusstsein ist immer das Ergebnis von Reaktionen, die ein Bewusstseinsträger auf geistige Impulse zulässt. Darum müssen bei jeder Bewusstseinsentwicklung zwei Aspekte miteinander im Einklang stehen: **Empfangsbereitschaft und die geistige Frequenz, die den Entwicklungsreiz auslöst.**

Beim Menschen spielt bei diesen Übertragungen vor allem die eigene **Bewusstwerdung** hinsichtlich seiner

Empfangsbereitschaft oder Blockade eine wichtige Rolle. Darum ja auch die häufigen Schwierigkeiten bei den Übertragungen von „Primär-Energien" durch eigenwillige „Einfärbungen", die sich bis in den Körper hinein als Störungen oder Erkrankungen bemerkbar machen können. Bei den Elementen (im 1. Naturreich) kann das niemals der Fall sein: Da funktioniert alles automatisch und reibungslos und wird erst dann zum Problem, wenn vom Menschen in die Materie eingegriffen wird, wie dies bei der Atomspaltung der Fall ist. Leider kann das mit dem gegenwärtigen Bewusstsein der Menschheit vorerst nur „begrifflich" und prognostisch definiert werden, obgleich es höchst notwendig wäre, diese Hypothese ins bewusste Denken mit hineinzunehmen. Mit diesem „Begreifen" wäre dann auch das „Erfassen" jener Energien verbunden, die aus den höheren Bewusstseinsdimensionen über **radioaktive Strahlungen** umgewandelt werden und im Kosmos als **„Nullpunktenergien"** zwar nicht mehr vorstellbar sind, aber vorerst „hypothetisch" bewusst registriert werden können.

ÄTHERLEIB

Dieser bisher rein „hypothetische" Bereich des **„Emp-fangens von Strahlungen"** wird von den Naturwissen-schaften fast immer ignoriert und nicht berücksichtigt, aber gerade die Erforschung dieser Wechselwirkungen und Übertragungen solcher „Primär-Informationen", jene Kommunikation zweier unterschiedlicher „Seins-bereiche", wäre für ein vertieftes Verständnis des Funk-tionierens dieser Prozesse sehr wichtig. Bisher bewegen sich die meisten Naturwissenschaftler fast ausschließ-lich im systemimmanenten Rahmen eines traditionellen Wissens, ohne sich den eigentlichen und wirklichen „Quellen" anzunähern, weil Inspirationen aus höheren Bewusstseinsdimensionen ihnen „unwissenschaftlich" und daher suspekt erscheinen. Um mit diesen Fre-quenzbereichen in Kontakt zu kommen, muss zuerst das Bewusstsein selbst in einen „höheren Zustand" gebracht werden. Das aber ist nur möglich, wenn im Menschen über den dafür zur Verfügung stehenden ÄTHERLEIB die dafür zuständigen „Module" bewusst angeregt werden, die bei den meisten Menschen fast alle noch latent schlummern.

Allein der **Ätherleib**, der mit dem physischen Körper koordiniert ist, ermöglicht über Nerven und sensori-sche Zentren (Chakren) einen wechselseitigen Energieaustausch und ist als „Bewusstseinskörper"[62] die Plattform für Empfang und Umsetzung jener „Primär-Informationen", die die Bewusstwerdung des GEISTES im Menschen zum Ziel haben. Damit ist der menschliche Ätherleib die erweiterte Basis für die Umsetzung von bereits im Tier angelegten psychologischen Faktoren. Es handelt sich um einen Prozess, der bewusstes Leben mobilisiert und psychologische Entfaltung bewirkt. Dieser Prozess beginnt im Tierreich und findet im Menschenreich seine Vollendung. Dafür bringt die *„Neue Menschheit"* zwar alle Voraussetzungen mit, kann sie aber vorerst noch nicht umsetzen, solange sie nicht bewusst begreift, dass die dafür notwendigen „Energie-Einstrahlungen" erst im Menschen selbst mobilisiert werden müssen, weil erst dadurch nicht nur die komplexen **Energie-Umsetzungen** ermöglicht werden, die über die DNS zum Aufbau einer dem jeweiligen Bewusstseinslevel entsprechenden Gestaltwerdung in einem grobstofflichen Körper erforderlich sind, sondern weil dadurch auch die feinen Intuitionen und Infiltrationen aus höheren Bewusstseinsbereichen für den Ätherleib erst unterscheidbar und bewusst empfangbar werden, welche die anstehende Höherpotenzierung des menschlichen Bewusstseins

---

62 Gemeint sind näherhin die auf dem Ätherleib befindlichen Energiezentren, die Chakren, welche gewissermaßen die „Organe" des Ätherleibes sind.

ins supramentale Bewusstsein initiieren sollen. Die dafür notwendigen Einstrahlungen schließen auf Erden selbstverständlich auch das Spektrum **radioaktiver Strahlungen** mit ein, weil diese sowohl zur Höherpotenzierung des Bewusstseins, als auch für die Umwandlung der Basis-DNS **unabdingbar** sind.

Dieser dann vom Bewusstsein immer intensiver aktualisierte **Ätherleib** wird aufgrund der fortschreitenden Bewusstwerdung darüber hinaus auch zum **Schutzschild vor den quasi „zerstörerischen Qualitäten radioaktiver Strahlungen"**. Denn der Ätherleib ist als der primäre Strahlungsempfänger dem physischen Körper als Sekundär-Empfänger vorgeschaltet und vorgeordnet, so dass der letztere den Einfluss radioaktiver Strahlung nur über und durch den Ätherleib gefiltert und angepasst empfängt. Erst dann werden diese Strahlungen auch für die Physis – z.B. durch die Erweckung latenter Gene – aufbauend wirksam, allerdings nur unter der Voraussetzung, dass das Bewusstsein zur Verarbeitung und Umsetzung der im radioaktiven Spektrum der **Ur-Lebensstrahlung** enthaltenen Impulse fähig ist. Dies aber ist gegenwärtig, d.h. im jetzt ausgehenden Äon, nur spirituell außergewöhnlich weit fortgeschrittenen Menschen möglich; und darin liegt auch der Grund dafür, dass die **Radioaktivität** bisher von den meisten Menschen leider nur als lebensfeindliche und zerstörerische Kraft gefürchtet und abgelehnt wird. Darum ist es jetzt die vordringliche Aufgabe der Menschheit, eine Höherpotenzierung des Bewusstseins (ins Quanten-Bewusstsein) anzustreben.

Schon mehr und mehr ist zu beobachten, dass die Menschen immer weniger allein Phänomene und deren Wirkungen betrachten, sondern viel mehr nach deren **primären Ursachen** suchen. Dieses allmähliche „Erwachen des Quanten-Bewusstseins" ist die Suche nach einer neuen „religiösen Sicht", die im Menschen **„holographische und intensivere Intuitionen"**, quasi als „sechsten Sinn", wird freisetzen können. Das hat wiederum zur Folge, dass Menschen auch die Bewusstseinsaktivitäten anderer Menschen telepathisch gewahren und sich mit ihnen identifizieren können, wobei das Universalwerden des individuellen Bewusstseins die grundlegende Auswirkung des neuen Bewusstseins sein wird. Von da an werden alle im Außen wahrgenommenen Phänomene ihre Unvollständigkeit und Abgetrenntheit vom inneren Zusammenhang verlieren. Es wird erkannt werden, dass alles unter einem holographischen Gesetz steht und das Ganze eine ungestörte harmonische Manifestation des Geistes ist. Dieser Umbruch hat jetzt begonnen; er erfolgte aber auch in der Vergangenheit schon immer bei allen Heiligen. Dieser Zustand wurde bisher als „Wunder" abgetan oder auch verehrt, jedoch nie begriffen. Das wird sich ab jetzt gravierend ändern. Dies bedeutet jedoch leider nicht, dass die Menschen mit den neuen Erfahrungen im Bewusstsein auch schon fertig werden und damit umzugehen verstehen. Viele werden im Gegenteil dadurch eher verwirrt sein, in der Gesellschaft scheitern und als Störenfriede ausgeschaltet werden.

Nach den Upanishaden sind **Meditationen** das Ausrichten des Bewusstseins auf das Spirituelle. *„Denn durch Meditation wird Erkenntnis erlangt, worüber der Mensch eine Umwandlung erfährt."*[63] Diese Phase der Umwandlung nannten die christlichen Heiligen die „Dunkle Nacht"[64], weil man sich in dieser Phase zwischen Finsternis und Dämmerlicht, zwischen Ungewissheit und halber Gewissheit befindet, die sich allmählich erst aufhellt, um die Wahrheit zu eröffnen, die in Erleuchtung endet. Es ist der Beginn einer **Transparenz des Bewusstseins auf das Wirken des Supramentalen hin**, das im Gegensatz zum Intellekt nicht mehr reines Denkwissen ist, sondern ein **spirituelles Gewahren**, das einem widerfährt, wodurch ein Einswerden mit der Wahrheit ermöglicht wird, aber nicht zwingend ist.

63 Alice Bailey
64 Johannes vom Kreuz: „Die dunkle Nacht"

Nur darüber erfolgt automatisch auch eine Transformation unseres bisherigen mentalen Bewusstseins, welches dann nicht mehr nur ein passiver Kanal für das Wirken des „Supramentalen" ist, sondern selbst „supramentalisiert" werden wird. Dadurch werden die Menschen die Möglichkeit zu einer Art des „Schauens höherer Dimensionen" erfahren und zugleich eine Ausweitung der Sinne zu ungeahnten Fähigkeiten erreichen. Denn die Sinnesorgane werden sensibilisiert und zunehmend dazu fähig, den spirituellen Empfangsmöglichkeiten des Ätherleibes als Kanäle zu dienen. Mit wachem Auge können die Menschen dann Dinge schauen, die bisher nur in psychischen Ausnahmezuständen zu erleben waren.

Denn alle Aktionen des Quantenbewusstseins sind spirituell und teilen sich allein über **Intuitionen** (radioaktiv) „holographisch" mit.[65] Es ist die Macht des Geistes selbst, über welche alle materiellen und nicht-materiellen Formen und das Formlose als spirituelle Substanz des Seins erkannt werden. Darin gründet das radioaktive Wirken des Quanten-Bewusstseins als

---

65 Aurobindo bezeichnet diese Wahrnehmungsfähigkeit als sechsten Sinn, „der das einzige wahre Sinnesorgan" sei. Alle anderen Sinne seien nichts als äußere Behelfe, die aber unser Bewusstsein von sich abhängig gemacht haben, indem sie für unser Bewusstsein zum ausschließlichen Übertragungsorgan wurden und es so beschränkten. Dieser sechste Sinn (holographisches Erfassen) ist dagegen das wichtigste Instrument, unser Bewusstsein über das Mental hinaus ins Supramentale zu führen.

„Organ" des unendlichen „Absoluten". Somit ist das Quantenbewusstsein unabhängig von der Physis.

ZUM „SITZ" DES BEWUSSTSEINS

Die Evolution der **Substanz** führt uns ganz natürlich zur Evolution der *Formen*. Von solchen rein materiellen Formen unterscheiden sich aber solche Formen, die in „reiner Substanz" existieren, wie etwa **Gedanken**. Evolution ist der Vorgang, der das Leben in allen Einheiten zur Entfaltung bringt, sie ist der Drang zur Entwicklung, der schließlich zur Verschmelzung aller Einheiten und Gruppen führt, bis die Gesamtsumme aller Manifestationen erreicht ist. Das ist *„Gott, in dem wir leben, uns bewegen und sind"*[66], *„der intelligente Wille, der lenkt, entwickelt und alles letztlich zur Vollkommenheit bringt. Das ist die der Materie selbst innewohnende Vollkommenheit und die Tendenz, die im Atom, im Menschen und in allem was ist, latent vorhanden ist."*[67] Die Frage ist dabei: Wer oder was ist der „biophotonische Träger" des Bewusstseins?

Für diesen „Sitz des Bewusstseins" und seiner Steuerungsvorgänge bietet die gegenwärtige Forschung

---

66 Paulus: Apostelgeschichte (17, 28)
67 A.Bailey: Die sieben Strahlen

neben der „physiologischen Hirnforschung" sehr unterschiedliche Antworten an, so z.B. diejenige von **„holographischen Biophotonenfeldern im Gehirn"** als sogenannten Informationsspeichern, die bis hin zu Wechselwirkungen zwischen Energiefeldern reichen. Alles Überlegungen, die jedoch noch im hypothetischen Bereich verbleiben. Die Frage bleibt dabei: Wie wird ein elektrischer Impuls von einem Neuron über einen synaptischen Spalt – das ist die Stelle, an der die Erregung von einem Neuron auf ein anderes übertragen wird – als **„Gedanke"** ins Gehirn übertragen, um dann *„umgesetzt"* zu werden? Das lässt sich letztlich nur über einen quantenmechanischen Prozess als Wellenfunktion erklären, um vom Gehirn als entsprechendes „Quant" wieder abgerufen werden zu können. Goswami spricht in diesem Zusammenhang von einem **Quantenmechanismus**[68]. Damit ist die „Fähigkeit eines „Quantenobjektes" (z.B. eines Gedankens) gemeint, über ein eigentlich „unüberwindliches" Hindernis zu kommen. Mit anderen Worten: **die Umsetzung einer „Wellennatur" in eine materielle „Teilchenhaftigkeit"**. In diesem Zusammenhang sagt Goswami: *„Mir ist klar, dass die Daten, die zwischen Geist und Quant Parallelen wie Unschärfe, Komplementarität, Quantensprünge, Nichtlokalität und letztlich auch kohärente Superpositionen erkennen lassen, nicht*

---

68 A. Goswami, S. 214".

unbedingt für schlüssig zu erachten sind. Dennoch besteht das, was wir als Geist bezeichnen, aus Objekten, die mit den Objekten submikroskopischer Materie verwandt sind und Regeln unterliegen, die denen der Quantenmechanik ähneln."[69]

Für Psychologen wie **C.G. Jung** ist die Lösung dieses Problems ganz einfach: *„Psyche und Materie" sind letztendlich ohnehin aus demselben „Stoff".* Das Gehirn hat dabei nur die Funktion eines empfangenden „Mess-Apparates" für ein riesiges Konglomerat und „Makro-Quantensystem" von nichtlokalen, archetypischen Quanten (Gedanken, Ideen). Für den Physiker **Henry Stapp** unterliegt das Gehirn einem „Quantensystem", das mit Programmen arbeitet, die reine Wellenfunktionen sind. Dabei funktioniert der Quantenmechanismus ähnlich wie ein **Laserstrahl** im Gehirn. Dieser öffnet durch Kohärenzen dem „nichtlokalen Bewusstsein" Wirkkräfte, worüber ein Transferpotential ausgelöst wird, das sich in der formlosen „Potentia", also im transzendentalen Bereich des Bewusstseins, befindet. *„Zusammenfassend geht es mir darum, dass wir die Funktionen des „Gehirns" als Bewusstsein neu betrachten müssen, und zwar als Mess-Apparat einerseits – und auch als Quantensystem andererseits."*[70]

---

69 A. Goswami, ebenda
70 Goswami a.a.O.

In diesem Zusammenhang muss man einer gegenwärtigen Tendenz in naturwissenschaftlichen Theorien ganz entschieden entgegentreten, dass nämlich die geistige Funktionsweise des Menschen durch die Erforschung einer Gehirn-Aktivität erklärt werden könne. Man sollte sich darauf besinnen, dass Bewusstsein als geistiges Empfangen zwar einer nervlichen Übersetzung bedarf, aber nicht darin wurzelt.

Einige dieser Erklärungsversuche wurden mir als teilweise richtige Ansätze bestätigt, jedoch durch folgende Hinweise ergänzt: *„Natürlich müssen im Menschen immer Empfangs- und Speicherorgane vorhanden sein. Nur: Einen so großen Speicher für sämtliche Vorstellungen und Erinnerungen im Leben könnte es niemals geben. Es handelt sich dabei vielmehr um Modelle von elektrischen Kombinationen bei gleichen Strukturen (energetische Felder), die Erinnerungen (Spiegelneuronen) wie bei einer digitalen Übersetzung wieder abrufbar machen. Das aber ist nur die eine Seite im Organismus. Die andere Seite ist die Eingabe für Erinnerungen, die über die Sinneswahrnehmungen erfolgen und ähnlich wie bei einem Film in einem Superspeicher*[71]

---

71 Auch für den Physiker Henry Stapp unterliegt das Gehirn einem Quantensystem, das mit Programmen arbeitet, die reine Wellenfunktionen sind. Dabei ist das Gehirn nur ein empfangender Mess-Apparat eines Makro-Quantensystems von mentalen Archetypen, die einen universalen Charakter haben (vgl. Goswami 216).

(Akasha-Chronik, Riesencomputer) registriert werden, an den alle Menschen angeschlossen sind, um im gesunden Zustand jederzeit Erinnerungen davon abrufen zu können."

Genauso funktioniert auch das Abrufen von „holographischen Feldern" als ganzheitlichen Gedanken, die nicht aus „analogen Gedankenpixeln" zusammengesetzt sind, sondern einen kompletten „Datensatz" als Wellenpaket entschlüsseln. Und diese Transformationen, die aus raum- und zeitlosen Dimensionen stammen, erfolgen mit Überlichtgeschwindigkeit synonymer Frequenzen – „gleichzeitig". Diese Erhöhung der Schwingungen ist dabei notwendig, um aus nächsthöheren Bewusstseinsdimensionen im kosmischen Bereich Sinneswahrnehmungen erreichen und erfassen zu können. Obwohl der Mensch bei diesem Umschalten selbst nichts spürt, ist er in diesen Prozessen auf eine andere Wellenlänge umgestiegen, und zwar genau wie im Traum; denn auch da verspürt der Mensch den „Bewusstseinskipp" nicht. Bisher kann der Mensch selbst dieses „Umschalten" nicht willentlich herbeiführen, sondern meist widerfährt es ihm. Nur wenn – wie im Traum – alle ich-bewussten gedanklichen Kontrollfunktionen ausgeschaltet sind und der Mensch sich von einer jenseitigen Kraft führen lässt, erfolgt bei solchen Höherpotenzierungen der Frequenzen über die Chakren (Energiezentren) ein „reibungsloses Umschalten" im Bewusstsein. Es ist niemals allein über eine Technik zu erreichen. Darum ist primär eine Bewusstseinsänderung gefordert, wobei meditative Praktiken oder Techniken zusätzlich als „Therapie-Steigerung" hilfreich sein können; z.B. über Meditationen, die übrigens auch zur Produktion und Sekretion von Silizium anregen, indem im Körper dessen Grundmuster zur Bewusstseins-Steigerung angepasst wird, was aber niemals umgekehrt geht, also durch die Einnahme von Silizium.

Wichtigste Prämisse bei allen diesen Überlegungen muss die Tatsache sein, dass letztendlich das „menschliche **Bewusstsein**" vom **Gehirn als Organ völlig unabhängig ist**, weil „Bewusstsein als solches" einer höheren geistigen Ebene angehört. Nur, in unserer materiellen kosmischen Bewusstseinsdimension steht nun einmal der Körper als Träger aller Bewusstseinsvorgänge für den Menschen an erster Stelle, so dass man das Bewusstsein immer wieder mit dem „Gehirn" identifiziert. Andererseits ist das Gehirn als Empfangsapparat in der Physis die notwendige Bedingung für ein reibungsloses Funktionieren. Mit anderen Worten: Das Radio erzeugt selbst keine Wellen; wenn aber das „Radio" defekt ist, ist es nicht mehr voll einsatzfähig und kann weder empfangen noch senden. Darum benötigt auch das „Bewusstsein" immer einen intakten „Wiedergabe-Mechanismus", ist aber nicht damit identisch. In der Tat ist das Gehirn lediglich das **Umschlagsmodul**, – wobei die Menschheit bisher nur einen Teilbereich des Bewusstseins überhaupt aktiviert hat. In der Zukunft werden ganz neue Bereiche aus der Latenz befreit werden, deren Aktualisierung nur über den Ätherleib möglich ist, der bei den Menschen unterschiedliche Empfangseigenschaften aufweist.

Denn jeder gedankliche Impuls wird vom „Ätherleib" empfangen, worüber „Frequenzen" ins menschliche Gehirn „transponiert" und aktualisiert werden, die dann wiederum über die Vernetzung der Nerven für einen Menschen „begreifbar" sind, um bewusstseinssteigernde Aktivitäten auszulösen. Das ist so zu verstehen: Geistige Eingaben aktivieren im Gehirn neue bisher latente Module, wobei die latenten Möglichkeiten mit zunehmender Vergeistigung in ihren Öffnungsmöglichkeiten wachsen. Latent bedeutet dabei: Gewisse Anlagen haben bisher „geschlafen" und werden durch geistige Funktionen „geweckt", worüber dann Bewusstseinsveränderungen erfolgen. Um solche *Initial-Zündungen* auszulösen, muss eine „Zeit" dafür reif sein, d.h.: Es müssen dafür auch alle mitbestimmenden Bezugssysteme vorgegeben sein, um zu funktionieren, vor allem die alles bestimmende physische Basis dafür: die DNS.

DNS ALS „PULSIERENDE LICHTPUMPE"

Da alle wahrnehmbaren Energie-Wirkungen als „spirituelle Transponierung" immer an einen **substanziellen Träger** gebunden sind, wird dadurch auch immer der Träger, die Physis, einer Umwandlung unterzogen. Und das bedeutet, dass die Energien, die mit dem Beginn des neuen Äons ab jetzt wirksam werden, über die DNS direkt zur Umgestaltung der „Träger" selbst führen. Erst dieser „neu justierte" Träger wird dann über seinen neuen Zustand in der Lage sein, die für die „Höherpotenzierung" des Bewusstseins **notwendige Radioaktivität** (Mex-Strahlen[72] als Hilfe für das sich neu entfaltende „Quanten-Bewusstsein") zu ermöglichen. Denn nur auf diese Weise werden in der Folge der physische Körper und das supramentale Bewusstsein wieder parallel synchron geschaltet werden, und die gegenwärtig alles bestimmende „Spannung der Unschärferelation" zwischen „Welle (Bewusstsein)

---

72 Mex-Strahlen sind ionisierte Röntgenstrahlen, die jegliche Grenzringe überwinden können und anstehende Weiterentwicklungen ermöglichen, allerdings auch zu Schädigungen führen können.

und Teilchen" (DNS) wird wieder harmonisiert und vorübergehend aufgehoben werden.

Diese „Aktualisierung" bisher latenter Gene („Mutationen") ist allerdings hinsichtlich der gesamten Menschheit, aber auch bei jedem einzelnen Menschen immer erst dann möglich, **wenn bereits eine bewusste Veränderung durch eine Öffnung gegenüber diesen Energie-Einstrahlungen erreicht wurde.** Denn alle Umwandlungen in der DNS erfolgen als von Gestaltideen gesteuerte Frequenzen immer erst dann, wenn bereits eine *„bewusste Bereitschaft"* vorliegt, um eine bisherige Latenz zu beenden und ein latent vorhandenes „Genmuster" neu zu beleben, d.h. zu aktualisieren, was sich dann auf den gesamten Organismus auswirkt. Und das bedeutet, dass die DNS zu 97% aus Material besteht, das nicht allein Träger eines Erbgutes (INTROS) ist; dabei handelt es sich primär um **solche Bestandteile der DNS, die Biophotonen aussenden und empfangen können.** Denn die Entfaltung dieses „spirituellen Potentials" hängt davon ab, inwieweit **„Nullpunktenergie" die feinstofflichen Ebenen der Substanz anregt und empfangen werden kann.**

ZWEI FUNKTIONEN DER DNS

Damit hat die DNS neben ihrer rein genetischen Funktion noch eine weitere Bestimmung, die viel umfassender ist, als die bloße Transkription (Übersetzung) von Proteinen. Diese Funktion der DNS beruht darauf, dass der sogenannte „biologische Laser"[73], nämlich die Schnittstelle zwischen **Biophotonenfeldern und „imaginären Informationsquellen" sich immer in einem kohärenten Zustand (aktiv-prozesshaft) befindet.** Und das gilt nicht nur auf der molekularen Ebene, sondern auf allen Organisationsstufen eines Organismus. Es sind elektromagnetische Wechselkräfte, die über „impulsgebende Nullpunktenergien" **(Urenergie)** als **imaginäre Einstrahlungen** gestaltbildend zusammenwirken. Dabei bilden die biologischen Moleküle der Biophotonen-Ebene quasi die „Lasermaterie", wodurch die DNS zum zentralen **aktiven Lichtspeicher** für die Steuerung aller Zellfunktionen wird.[74] Diese dynamischen Strukturierungen regulierender **morphogenetischer Felder** führen dann zu

---

73 **Laser**: Lichtverstärkung durch stimulierte (gebündelte) Strahlungsemissionen; dabei wird die dem Strahlungsfeld überlagerte Energie verstärkt. Laserschwelle als Zustandschwelle – eine Art Phasenübergang und Verwandlung einer „Substanz" in einen anderen Zustand. Die DNS ist Lasermaterie und der größte Lichtspeicher im Körper, eine Art Kernzone der Zelle und damit des ganzen Organismus und damit zugleich die Grundlage für den gesamten Aufbau der Materie und der Evolution.

74 Biophotonen, S. 199f.

Regelkreisen, die eine Selbstregulierung erzeugen und den gesamten Stoffwechsel durch Biophotonenfelder bestimmen. Auf diese Weise wird gleichzeitig das von der DNS erzeugte Biophotonenfeld stabilisiert, das heißt, es oszilliert ständig um diesen Schwellenzustand herum, weil dabei Schwingungsquanten über die DNS in rhythmischen Impulsen weitergeleitet werden, die dem Pulsschlag des Herzens vergleichbar sind: Die DNS fungiert als **„pulsierende Lichtpumpe"**! Dabei sammelt die DNS „Licht" an und sendet dieses über radioaktive Energien als Informationen an den gesamten Organismus weiter. Diese immense Informationsmenge kann nur die DNS leisten. Entscheidend ist dabei, dass nur ein solcher Zustand, der seinen eigenen Gegenpol mit einbezieht, wirklich stabil sein kann, so wie das **Tao** der Chinesen „Yin und Yang" einschließt.[75]

Im nächsten Äon wird dadurch die ursprüngliche („atlantische") Zellstruktur der menschlichen Physis wiederhergestellt werden, so dass alle Körperzellen mit dem *interdimensionalen Bewusstseinskörper* interagieren können, – wobei dieser „halbätherische Körper" als **Ätherleib** bereits jetzt schon im Menschen

---

75 vgl. Biophotonen, S. 209: Fritz-Albert Popp's Definition von Tao. Die DNS als pulsierende Lichtpumpe spielt bei den Wechselwirkungen zwischen Photonenfeld und den in der DNS vorhandenen Photonenfeldern eine Rolle (vgl. auch Biophotonen S. 196).

enthalten ist. Bei dieser Umwandlung handelt es sich nicht um eine prinzipielle Veränderung der DNS, sondern es werden nur in der DNS bereits angelegte, bisher latente Gene, aktualisiert werden, andere dagegen werden degenerieren. Diese „neu justierten" DNS-Stränge werden dann in jeder Zelle eine multidimensionale skalare[76] Wellenantenne besitzen, die jede „spirituelle Botschaft der Seele" aufnehmen und sofort verarbeiten kann.

Dieser alles permanent bestimmende Zusammenhang zwischen **radioaktiver Strahlung** und **Bewusstsein** ist damit auch die Voraussetzung für alle Umwandlungen in der gesamten menschlichen Physis. Insofern gehören Bewusstseinsentwicklung und DNS als gleichberechtigte Aspekte in Resonanz zusammen, und zwar als Rückkoppelung über die DNS, die in diesem Zusammenhang als Medium für den Empfang einer Strahlensendung dient. Diese Strahlungen werden derzeit von den Menschen noch als gefährlich empfunden, weil beide Aspekte bei den meisten Menschen noch immer nicht synchron verlaufen; denn die Entwicklung erfolgt zuerst im Bewusstsein und erst dann in der DNS, wobei die „Furcht"[77] von der DNS ausgeht; und

---

76 Eine skalare Größe ist allein durch die Angabe eines Zahlenwertes charakterisiert (in der Physik ggf. mit Einheit, z.B. die justierbare Frequenz bei einem Tuner in MHz).

77 Walter Russell: „Radioaktivität – Todesprinzip in der Natur"

dies, weil die Strahlungswirkungen dort als Verletzungen gespürt werden – und nicht im Bewusstsein.

Allerdings sind diese Wechselbeziehungen nie „eins zu eins" zu verstehen, denn im Kosmos erfahren alle diese Entwicklungs-Aspekte eine *„Aufspaltung des ursprünglich einheitlichen Urenergie-Strahles"* in gefilterte Energie-Strahlungen, und dabei handelt es sich um den Antagonismus von „Welle und Teilchen" (Bewusstsein und Gestaltung), der über die alles belebende Reibung und Wirkung der „Unschärferelation" das eigentliche Leben ausmacht. Denn diese gefilterte Strahlung ist auf Erden die *conditio sine qua non*, um z.B. im Menschen einerseits gestaltend und andererseits auch wieder auflösend zu wirken. Denn bei der Bewusstseinsentwicklung des Menschen geht es nicht mehr – wie im Schöpfungsakt – um den „Willensstrahl" an sich (um das zu Erschaffende), sondern um die **permanente „Höherpotenzierung" und Vervollkommnung des Menschen als Aufstieg ins spirituelle Zentrum der gesamten Schöpfung.** Das aber erfolgt allein über den „erschließenden Filter" einer umgestaltenden „Höherpotenzierung", die wiederum über „angepasste Strahlensendungen" den Menschen jene Mitbestimmung und Teilnahme am Schöpfungsprozess ermöglicht, wie sie für eine stufenweise Höherpotenzierung des Bewusstseins und der Physis unabdingbar ist.

Denn alle diese Prozesse werden als empfangsbezogene über die Bewusstwerdung in Bereitschaft geschaltet – nach dem Motto: *Dein Wille geschehe!*, weil der gesamte Wiederaufstieg zum Zentrum als **„Auflösung aller Hüllen"** (Opfer aller Verhaftungen) und als ein permanenter „Öffnungsvorgang" zu verstehen ist, über den im „Loslassen" alles wieder abgegeben wird, um die Höherpotenzierung dadurch zu erreichen. Und das bedeutet: **Alle Manifestationen sind im Leben immer nur „geliehen", um der Liebe die Möglichkeit zu geben, im „empfangenden Loslassen" aktiv werden zu können,** ein Paradoxon, welches die Menschen kaum begreifen, obwohl sie es ständig selbst erleben. Zwar hat der gegenwärtige Durchschnittsmensch in der Tat bewusstseinsmäßig dazu noch keinen wirklichen Zugang, könnte aber diese „Frequenz-Erhöhung" an der eigenen menschlichen Entwicklung vom Kind zum Erwachsenen selbst praktisch erfahren: Das Kleinkind wird zum Jugendlichen und verlässt dieses Stadium im Erwachsenen, um im Alter alles zurückzugeben. Leider schließen die meisten Menschen ihre Entwicklung mit dem reflektierenden Bewusstsein in der Pubertät ab und werden nie wirklich erwachsen, so dass nur wenige Menschen wirklich den nächsthöheren möglichen Bewusstseinslevel erreichen. Allerdings werden in der Zukunft alle Menschen jene höheren Frequenzen empfangen können, was andererseits wiederum die Gefahr in sich birgt, damit nicht richtig umgehen zu können und – wie es leider in der Gegenwart noch vielen widerfährt – dabei „überzuschnappen". Aber eine solche Entwicklung vollzieht sich zeitlich immer über einen längeren Zeitraum, und jetzt befindet sich die Menschheit in einer sehr turbulenten Übergangsphase.

Solange aber die wissenschaftliche Forschung weiterhin im Gehirn („im Apparat") stecken bleibt und daran herumbastelt, wird man nie hinter das Geheimnis des Bewusstseins kommen. Alle in dieser Richtung bisher erreichten Forschungsergebnisse erbringen lediglich Basiskenntnisse für einen biologisch-physiologischen, primitiven Informationsmechanismus in animalischen Organismen. Es bestand sicher immer ein wissenschaftlich notwendiger Klärungsbedarf für physiologische Funktionen, doch diese Kenntnisse bringen keine Erhellung für das Bewusstsein des Menschen. Es ist daher an der Zeit, sich von diesen bisher rein mechanistischen, physikalischen und physiologisch-biologischen Basisvorstellungen zu verabschieden und sich menschlich relevanteren Energien zuzuwenden. Das wäre z.B. die Energie, die in Meditationen freigesetzt wird, eine Energie, die zwar noch nicht bewusst greifbar ist, mit der aber alle Menschen verbunden sind und über die jeder Mensch an alle intuitiven Eingaben aus anderen Dimensionen angeschlossen ist. Denn genauso wie das Tier einen Instinkt besitzt, der bereits eine Vorstufe zur menschlichen Intelligenz darstellt, so hat der Mensch die Möglichkeit, Intuitionen zu empfangen.

TEIL V

AUSBLICKE

Für eine Höherpotenzierung des Bewusstseins besteht Hoffnung, weil gegenwärtig die Menschheit einen gewaltigen „Bewusstseins-Kipp" erlebt, um in das supramentale Bewusstsein („Quantenbewusstsein") überzugehen, womit die Menschheit gleichzeitig in eine Periode erhöhter **„Radioaktivität"** eintritt, über welche die Menschen sich ein umfassenderes Gewahrsein über Intuitionen und Telepathie erwerben und ihre bisherigen bewusstseinsmäßigen Begrenzungen allmählich überschreiten werden (Grenzring-Überschreitung als „Radioaktivierung"). Darin wird später auch die notwendige Unschärfe-Relation für das Leben schlechthin bestehen.

Es ist daher gegenwärtig dringend erforderlich, darüber ausführlich zu berichten, um den direkten und notwendigen Einfluss der **Urenergie** wieder bewusst erkennbar zu machen, die sich über das neue Bewusstsein im Menschen endlich den Ansatz verschafft, den ganzen Menschen zu „radioaktivieren" (Nikola Tesla). **Denn alle Strahlungen im Kosmos sind eingefärbte Energien der Urenergie als Ergebnisse bestimmter Ideenträger und Gestaltungsprozesse**; und diese werden immer von der Urenergie bestimmt, und zwar über die „Unschärfe-Relation", die ja im KOSMOS immer die Spannung des Lebens zwischen Geist und Materie bleibt. **Die Unschärferelation ist der**

Ansatz, denn in dieser Spannung sind alle Energiebewegungen verankert. Ursprung ist und bleibt die Urenergie als transzendente Kraftquelle, die zwar niemals als solche erforscht werden kann, deren radioaktive Wirkungen aber ständig erkennbar sind. Dabei wird ersichtlich, wie wichtig die **Radioaktivität** auch für die Bewusstseins-Höherpotenzierung ist.

Diese Umwandlungsprozesse über Einstrahlungen erfolgen über „Teilchen als Transmitter" und funktionieren über die vermittelnde Durchlässigkeit des „feinstofflichen Äthers". Es sind Übertragungen von Energien auf den „Ätherleib", der als Empfangsleib für den physischen Körper des Menschen eine Art Filterfunktion besitzt. Darüber erfolgt der Prozess einer Höherpotenzierung des Bewusstseins sowie einer allmählichen **Anverwandlung der DNS** (Physis) an die Erfordernisse eines unter dem Einfluss imaginärer Einstrahlungen sich mehr und mehr erschließenden **Bewusstseins**, was ein hochenergetischer Prozess ist, der durch die alles durchwaltende Einstrahlung der Urenergie selbst initiiert wird. Dieser schafft in der Struktur der DNS die erforderlichen Bedingungen für Aufnahme und Umsetzung feinster Energie-Impulse, wobei sogenannte **Exciplexe** (aus: *excited complex*) eine entscheidende Rolle spielen.

EXCIPLEXE

Diese **Exciplexe** sind **angeregte Molekül-Komplexe in der DNS**, die als besondere Lichtspeicher fungieren: Ein durch ein aufgefangenes Photon angeregtes Molekül verbindet sich mit einem zweiten – im Allgemeinen nicht angeregten – benachbarten Molekül zu einer neuen Einheit, dem Exciplex.[78]

*„Dieser **„excited complex"** verdankt seine Bindung der Lichtanregung, durch die sich die Ladungen so verteilen, dass sich die beiden Moleküle stark anziehen. Die DNS eignet sich ganz besonders zur Bildung solcher Exciplexe, weil sie in Form der Basen der „Leitersprossen", die zusammen angeregte Polymere bilden können, periodisch angeordnete Exciplex-Materie besitzt. Zwei oder mehr benachbarte Basen können durch Anregung einen Komplex bilden und werden dadurch zu einem **Exciplex**. Die **Anziehungskräfte zwischen den Basen**, die durch die Exciplex-Bildung entstehen, **stabilisieren das DNS-Molekül in hohem Maße."*[79]

Dass diese Exciplexe im angeregten Zustand stabiler sind als im nicht angeregten Zustand, macht die DNS – un-

---

78 vgl. Biophotonen, S. 192
79 Biophotonen, S. 192

ter Einwirkung der ständig nachfließenden Strahlung – sowohl zu einem hocheffektiven Lichtspeicher, als auch zu einer Quelle kohärenter (gebündelter) Strahlungs-Emissionen, zu einer Art „Laser-Kanone": Das Auftreffen eines freien Photons, dessen Ladung der Energie-Differenz zwischen dem angeregten Zustand und dem (nicht angeregten) Grundzustand des Exciplexes entspricht, **löst dann die kohärente Emission aller gespeicherten Photonen als Laserstrahl aus.**

Dadurch werden die komplexen **Energie-Umsetzungen**[80] ermöglicht, die über die DNS zum Aufbau einer dem **jeweiligen Bewusstseinslevel** entsprechenden Außenlebens-Sphäre und Gestaltwerdung in einem grobstofflichen Körper erforderlich sind. Dabei ist das **Bewusstsein** (und damit der Ätherleib) der Schlüssel zum sinnvollen Struktur-Aufbau für seine eigene Weiterentwicklung, aber auch für die seines grobstofflichen Trägers, weil allein das Bewusstsein die Maßgabe zur Erweckung latenter Gene und der darin intendierten Bewusstseins-Möglichkeiten darstellt. Die dafür notwendigen Einstrahlungen schließen dabei auf Erden immer auch das Spektrum **radioaktiver Strahlungen** ein, die zur Höherpotenzierung des Bewusstseins und zur Umwandlung der Basis-DNS **unabdingbar**

---

80 z.B. Aufbau der Physis des Menschen

sind. Diese kommen zwar gegenwärtig nur bei bereits bewusstseinsmäßig hoch entwickelten Menschen zum Tragen, werden aber in Zukunft eine immer größere Bedeutung erlangen. Bei diesen Menschen sind z.B. auch die Aktivitäten der *Spiegelneuronen* sehr ausgeprägt.

SPIEGELNEURONEN

Die Forschung hat mittlerweile festgestellt, dass es sich bei **„Spiegelneuronen"** um die Basis gedanklicher und gefühlsmäßiger *Übertragungsphänomene* handelt. Es sind Nervenzellen, die sowohl im Prämotorischen Kortex, der für Bewegungen zuständig ist, als auch im Insularen Kortex, wo Gefühle verarbeitet werden, und ferner im Sekundären Somatosensorischen Kortex, der alle Berührungen registriert, angesiedelt sind. Das heißt: „Spiegelzellen sind in der Lage, die ganze Palette menschlicher **Gefühle** „imitierend" zu vermitteln. Diese ‚Spiegelneuronen' wurden 1995 entdeckt,[81] und man vermutet, dass sie ein eigenes ‚Netzwerk' im Körper bilden. Solche ‚Spiegelphäno-

---

81 Diese Zellen wurden von dem Italiener Giacomo Rizzolatti entdeckt. Mit den Spiegelzellen ist der Schlüssel für das Verständnis von Empathie, Sprache und darüber hinaus für die unterschiedlichen Kulturen gefunden worden.

mene' durchziehen die gesamte Biologie, beginnend bei der Erbsubstanz DNA mit ihrer spiegelnd angelegten Doppelstruktur bis hin zu komplexen biologischen Systemen wie dem Menschen. Biologisch angelegte Spiegelungen scheinen das *Gravitationsgesetz aller lebenden Systeme'* und der *Leitgedanke der Evolution'* zu sein. Nicht **survival of the fittest'**, sondern **survival of resonance'** ist danach der tiefere Sinn einer Evolution"[82]: Nicht das Überleben des Stärksten oder Angepasstesten, sondern das Überleben von „Resonanzen" führt weiter; und das bedeutet: ***Resonanz-Bewusstsein als analoge Spiegelung"*** – es handelt sich bei diesen Prozessen immer um **Resonanzen zwischen *„unsichtbaren Informationsfeldern"***. Diese Fähigkeit, Resonanzen immer bewusster zu empfangen und als „Erinnerungen" zu speichern, wird auch der nächste Schritt auf dem **Weg der Bewusstseinsentwicklung des Menschen hin zum supramentalen Quantenbewusstsein sein.**

Denn alles ist Schwingung und Resonanz, wobei die Erklärung dieser Phänomene mithilfe der Spiegelneuronen in einer neurobiologischen Wahrnehmung liegt: Denn diese „Spiegelzellen" versorgen unser Gehirn sogar mit dem *„intuitiven Wissen"* über die Absichten von

---

82 Joachim Bauer / Heyne Verlag 2006: „Warum ich fühle, was du fühlst"

Personen, deren Handlungen wir beobachten. Sie melden uns, was Menschen in unserer Nähe fühlen, und lassen uns deren Freude oder Schmerz nachempfinden. „Spiegel-Nervenzellen" sind somit die Grundlage aller *„emotionalen Intelligenz"* und damit die neurobiologische Basis von Empathie und Sympathie. Insofern sind solche *„Spiegelungs-Phänomene"* als feinstoffliche Übertragungen im Leben von zentraler Bedeutung.

Handelt es sich dabei nun um spezielle holographische Einstrahlungen oder um neue holographische Empfangsmöglichkeiten? Sind diese selbst messbar oder nur deren Wirkungen? Wie funktioniert die Dekodierung aller holographischen Einstrahlungen?

Fest steht, dass solche Einstrahlungen erst ab einem bestimmten Bewusstseinslevel empfangen werden können, wobei allerdings ohnehin jede Dekodierung immer nachträglich erfolgt und vorerst noch zu sehr durch die vorherrschende Mentalkonditionierung beeinflusst wird. Um eine holographische Erkenntnis quasi synchron zu empfangen, bedarf es einer großen Bereitschaft und eines beachtlichen Mutes zu einem unbekannten Risiko, was immer zugleich als ein Verlust von Ich-Kompetenzen empfunden wird. Aber allein das ist die wirkliche Teilnahme am Leben; es ist die vertrauensvolle **Einlassung** auf eine unbekannte

Kraft-Einstrahlung, die sich erst danach – über die Auflösung eines Paradoxons – als Erkenntnis entpuppt.

Dabei werden diese komplexen multidimensionalen Einstrahlungen zwar nicht mehr vom Ätherleib auf eine dafür vorgesehene Impuls-Frequenz passend gefiltert, sondern lediglich von *„speziellen Resonanzmöglichkeiten"* erfasst. Es erfolgen somit nicht holographisch spezielle Einstrahlungen, sondern allein **höhere Einstrahlungen** als bisher, die allerdings ein neues holographisches Empfangen und Verstehen bedingen. Denn es handelt sich um eine völlig neue Art der „Bewusstseins-Einstrahlung", die lediglich eine Art Öffnung für den neuen Strahlungsempfang ermöglicht, was zugleich auch eine Verwandlung aller Basisbedingungen (DNS) zur Folge hat. Nur bei rein mentaler Dekodierung erfolgt immer zugleich auch eine Art Fokussierung, und zwar **je nach Maßgabe des bereits erreichten Bewusstseinslevels.**

In der höchsten Form der Übertragung erfolgt dann allerdings keine Dekodierung mehr, weil das Verstehen synchron mit dem Empfangen erlebt wird, also nicht mehr als ein partielles zeitliches Nacheinander zu verstehen ist. Denn **unser Denken** ist sprachgebunden und damit wie die Sprache **zeitgebunden**. Es fasst Gedanken summarisch additiv, wie der Scanner das Bild als Pixelfolge erfasst. Der Gedanke selbst ist in diesem Nacheinander der Wortkonstruktion selten oder nie ganz und unvermischt gegenwärtig. Wenn er das Bewusstsein doch einmal ganz ausfüllt, so geschieht dies bereits außerhalb der Zeit in einer gleichsam **„zeit-entrückten Gegenwart"**, weil die konzise Schärfe eines Gedankens und seine Konstruktion im zeitlichen Wort-Prozess einander widersprechen. Holographisches Senden und Empfangen dagegen sind nie **prozessgebunden**.

Darum erfolgt letztendlich holographisches Senden und Empfangen auf Erden niemals in „Nullzeit", weil in der kosmischen Bewusstseinsdimension noch immer die **zeitlich-räumlichen Parameter als Grundvoraussetzungen die entscheidende Rolle spielen**. Richtig ist, dass diese Parameter im nächsten Äon völlig neue Funktionen und andere Bedeutungen erlangen werden, und das erfolgt in der Tat über die Kohärenz von Wach- und Traumbewusstsein. Denn im Traum herrscht in der Tat **Nullpunktzeit**, die auch in den neuen Wahrnehmungsmöglichkeiten wie Telepathie oder holographisches Erfassen die führende Rolle übernehmen wird. Erleben in Nullpunktzeit geschieht gegenwärtig zuweilen bei visionären Einstrahlungen – und quasi nur punktuell, weil die Einstrahlungen sofort durch mental konditioniertes Denken in die der

Menschheit gegenwärtig zur Verfügung stehenden Empfangsmöglichkeiten des Ätherleibs umgewandelt werden. Das aber wird sich in Zukunft auf immer größere „Zeitphasen" verschieben, und zwar wie im Traumbewusstsein. Und das ist ein permanenter Anpassungsprozess an den bereits erreichten neuen Bewusstseinslevel im Quantenbewusstsein, welcher über die ständige Höherpotenzierung zum holographischen Erfassen gewährleistet ist. **Das gilt für das ganze nächste Äon als vorrangigste Aufgabe.**

In diesem Entwicklungsprozess handelt es sich um das bewusste „Entdecken" ständig neuer Zustände, die erreicht und assimiliert werden müssen. Das aber ist nur möglich, wenn in der den Menschen zur Verfügung stehenden biologischen Basis die entsprechenden Elemente angeregt werden können, die alle bisher latent im Menschen schlummern und jetzt geweckt werden müssen. In Zukunft bringen die Menschen dafür die Voraussetzungen mit, können sie aber nicht „erwecken", solange sie diese nicht begreifen, weil sich diese Energien in sich selbst erst mobilisieren müssen; und das wiederum hängt mit dem feinstofflichen Körper, dem „Ätherleib", zusammen, den die meisten Menschen noch nicht als existent akzeptieren. Solange der „Ätherleib" nur als ein *esoterisch-abstraktes* Gedankengebilde gesehen wird, kann dieser auch nicht wirklich führend in der Bewusstseinsentwicklung wirksam werden. In Zukunft wird zwar die Menschheit diesem „Energietransfer" wieder einen Schritt näher kommen; aber vorerst werden die Menschen diese Energien, die aus höheren Frequenzbereichen eingegeben werden, nur bruchstückhaft empfangen. Alle Gedanken und Ideen kommen aus höheren Bewusstseinsbereichen und werden im Menschen „gefiltert" und erst dann von einigen umgesetzt.

Solche „Modulationen" sind nicht mit Begriffen aus der Physik zu beweisen oder zu erklären, und schon gar nicht physiologisch im Gehirn zu lokalisieren. Darum neigt man leicht dazu, „Eingaben aus anderen Bewusstseinsdimensionen" als *Wunder* zu deklarieren oder als Einbildungen zu denunzieren. Es handelt sich aber dabei um einen ganz natürlichen „Dimensions-Kipp", wodurch die Beschränktheit auf die eigene Dimension weit überschritten und damit deutlich gemacht wird, dass es viele Bewusstseinsdimensionen gibt. Denn „Wunder" verweisen bekanntlich immer über den eigenen Bewusstseinshorizont hinaus. Durch Wunder soll der Mensch sich angeregt fühlen, andere Dimensionen zu akzeptieren, weil alle systemimmanenten wissenschaftlichen Erklärungsversuche kläglich versagen; und das sollte der erste Schritt in neue Bewusstseinsdimensionen sein. Diese bleiben zwar vorerst „unbewiesene Hypothesen", können aber als erkennbare Wirkungen nicht mehr geleugnet werden. Es wäre deshalb gut, solche Hypothesen endlich zu akzeptieren und als Möglichkeiten ins eigene Denken zu integrieren.

ZWEI ENERGIESTRAHLUNGSFELDER

Bei allen „Einstrahlungen von Primärteilchen" handelt es sich in der Tat um zweierlei Äther-Energieträger: zum einen solche für das Bewusstsein und zum anderen solche für die materiellen Gestaltbestimmungen. Es sind die grundlegenden Basis-Energien der gesamten Schöpfung, die zwar immer synchron gesendet werden, aber im Raum-Zeit-Gefüge des Kosmos als direkte Strahlenpartikel nicht immer zugleich in den empfangsbereiten Empfängern zur Wirkung gelangen. Alice Bailey bietet in ihren Schriften über „Strahlungen" für diese „imaginären Primärteilchen" den Begriff *„Devas"* mit folgenden Interpretationen an:

*„Es sind die **Devas**, die alle Formen des essentiellen und gefühlsbegabten Lebens mit der von ihnen erzeugten Energie versorgen. Ihr Leben ist es, das durch den ätherischen Körper jeglicher Lebensform pulsiert. Abgesehen von vielen anderen Funktionen der Devas sind sie*

die Ursache aller solaren, planetarischen und mensch-
lichen Ausstrahlungen, und sie ernähren und erhalten
alle Formen. Sie sind auf jeder kosmischen oder sys-
temischen Ebene die spirituellen Mittler zwischen Be-
wusstsein und Physis. Sie sind die Urheber aller schöp-
ferischen Betätigungen im Kosmos."

In diesem Sinn wären diese „tätigen Devas" in zwei
Gruppen einzuteilen:

a) Diejenigen, die im Universum alle Bewusstseins-
   prozesse bestimmen.

b) Diejenigen, die unmittelbar die dichten materiellen
   und physischen Manifestationen hervorbringen sowie die Anziehungskraft aller Formen bilden und
   für die Kohäsion sorgen, um auf diese Weise den
   Manifestationskörper jener großen Entität zu erschaffen, welche die Gesamtsumme des beseelten
   Lebens im Universum ermöglicht.

Die Forschung spricht heute in diesem Zusammenhang von Quarks, Biophotonen, Exciplexen, Spiegelneuronen oder Neutrinos, was jedoch auch nur andere Benennungen für feinststoffliche Energievorgänge
sind, die man bisher als „imaginäre Einstrahlungen"
bezeichnet hat, da diese nicht objektiv physikalisch

messbare Größen sind. – Insofern ist jeder Begriff dafür utopisch, wobei der Begriff „Exciplexe" noch eher mit den „imaginären hohen Frequenzen" kompatibel wäre, während man den Begriff „Biophotonen" eher für die stofflichen Aufbau-Prozesse an der materiellen Basis verwenden könnte.

Dazu hat bereits 1975 Fritz-A. Popp[83] bewiesen, dass die alles bestimmende übergeordnete kortikale Steuerungsfunktion des Menschen nicht allein auf hormonbiologischer oder chemischer Ebene zu finden sei, sondern dass „das Licht unseren genetischen Code steuert und triggert"[84]. Denn dieses ätherische Laserlicht besitzt einen hohen Ordnungsgrad (Kohärenz) und ist deshalb in der Lage, selbst ordnungsbildend zu wirken und Informationen zu übertragen. Dabei ist wahrscheinlich die **Kohärenz** der wichtigste Schlüssel zum biophysikalischen Verständnis des Lebens **im Zusammenhang von Energiefluss und spiritueller Ordnung**. Über diesen Wechselprozess beginnt dann auch die Materie, ihren eigenen Schwingungsrhythmus zu installieren, wobei sich die Teilchen als Produkte einer kohärenten Überlagerung von Wellen eines Biophotonenfeldes erweisen. Im Laufe der menschlichen

---

83 Biophotonen a.a.O.
84 Ein Triggerpunkt ist ein Auslöser für eine Veränderung eines Signals oder Skript-Ereignisses, und zwar als virtuelle Realität.

Evolution entfaltete sich darüber im Gehirn eine Art „Spezialisierung", die es dem gesamten Nervensystem ermöglichte, sich nicht nur auf seine immanent regulatorischen Signale einzuschwingen, sondern über das limbische System auch einen „Mechanismus" zu entwickeln, der die chemischen Kommunikationssignale in „Empfindungen" übersetzte, die von allen Zellen[85] der Organismen wahrgenommen werden können. In jüngster Zeit entdeckte man zu dieser „Thematik" als weiterer Lösungsansatz für Energie-Einstrahlungen das kosmische Phänomen der **„Braunen Zwerge"**.

BRAUNE ZWERGE

Zum Themenkomplex der „strahlenden Raumenergie-Felder" bietet Wikipedia Folgendes an:

*„**Braune Zwerge** weisen eine Sternen vergleichbare Elementen-Zusammensetzung auf. In Akkretionsscheiben entstandene Braune Zwerge könnten einen Gesteinskern besitzen, wobei für diesen Entstehungsweg aber bisher keine Belege existieren."*

Es handelt sich dabei aber nicht um „sternenähnliche Gebilde", sondern um Konzentrationen von Energien

---

85 Nach Bruce Lipton geschieht dies über die Zell-Membranen (Zellwände) als Mikro-Organe.

aus dem Zentrum, die „quasi" den kosmischen Gestaltbedingungen angeglichen sind. **Braune Zwerge** leisten eine Art **Energietransport** und verteilen Energien – wie beim Menschen über die Chakren. Und das bedeutet, dass diese Energien nicht bereits in materielle, wahrnehmbare Sichtbarlichkeit umgesetzte und eingefärbte (kosmische) Energien sind, sondern wirkende „Raumenergie-Felder" für alle Gestaltungen im Kosmos. Es sind natürlich sehr hohe Frequenzen, die sich mit dem Äther in Verbindung bringen und zwar nicht sichtbar, aber durchaus an Wirkungen wahrnehmbar sind: **eine Bewirkung ohne Sichtbarlichkeit** – genau wie das auch für die unterschiedlichen Bewusstseinsdimensionen gilt. Die Dimension über der des Kosmos ist gegenwärtig für die Menschheit der Erde prinzipiell auch nicht wahrnehmbar, aber dennoch fließt der Erde alles Leben daraus zu.

Braune Zwerge sind enorme Energiespeicher im Kosmos und „füttern" quasi alle Sternensysteme nicht nur mit Energien, sondern ermöglichen auch **allen Sonnen die Aufnahme von Strahlen aus den übergeordneten Bereichen.** Sie werden von der „Spirituellen Hierarchie" gesteuert, um die entscheidenden Entwicklungen im Kosmos in Bewegung zu halten und auf Erden auch die anstehende Umwälzung hervorzubringen, die das Neue Äon einleitet. In der materiellen

Dimension im Kosmos sind die „Braunen Zwerge" das, was im Menschen sein Bewusstsein ist; denn nur darüber werden ständige Verwandlungen hervorgerufen, die man auf Erden zwar bemerkt; da sie aber für die Menschen quasi eine Neuentdeckung sind, weiß man noch nichts über deren wirkliche Funktionen.

Wahrscheinlich handelt es sich um Kraftfelder als Energieverteiler für alle wahrnehmbaren Gestaltungen im Kosmos. Die Verteilung der Energien über die einzelnen Sonnensysteme funktioniert dann ähnlich wie der Energieaustausch über die Chakren beim Menschen, und zwar allein durch die Beschaffenheit der einzelnen Sonnensysteme, die darüber hinaus noch mit allen Sonnensystemen verbunden sind. Und das bedeutet, dass eine Synchronizität immer notwendig ist, die so wieder den jeweiligen **Reifepunkt für eine notwendige Umwälzung bestimmt**. Man kann darum zu Recht fragen: „Warum gerade jetzt diese plötzliche Entdeckung?" – Weil die Zeit jetzt dafür reif ist, zu erfahren, wer solche Umwälzungen initiiert und über wen die Entwicklung gesteuert wird. Bisher war es für den Menschen „Gott" als Sammelbegriff; jetzt wird offenbar, dass Gott zwar alles ist, aber in seiner Schöpfung ein hierarchisches System darstellt, in dem alle Teile aufeinander bezogen sind. Die „Braunen Zwerge" waren bisher zumindest nicht sichtbar als „*Entwicklungshelfer*" notwendig. Da aber ab jetzt auch diese Bereiche für die neue Menschheit transparenter werden, müssen für eine vollkommene Bewusstwerdung die Braunen Zwerge als notwendige Hilfe mit einbezogen werden.

Das hier angesprochene riesige **„Raumenergie-Feld"** besteht aus „braunen Zwergen" als Energie-Vermittlern, welche jedoch mit keinem Gestirn im Kosmos in Kollision gehen, sondern die Sonnensysteme „durchfluten", um eine neue Ordnung zu schaffen. Allerdings wird dieses Ereignis in unserem Sonnensystem wesentlich umwälzender sein als alle bisher bekannten durch Kollisionen verursachten Katastrophen. Alle bisherigen Erdkatastrophen verliefen immer vereint mit **Strahlen-Veränderungen**. Aber über die jetzt zu erwartende Einstrahlung durch einen „Braunen Zwerg" im Sonnensystem – und das ist entscheidend – beginnt auf Erden **eine völlig neue Bewusstseinsorientierung**, die nur durch eine kosmische Elementar-Umgestaltung erreicht werden kann, denn das Ziel dieses kosmischen Zyklus ist, wie schon ausgeführt, die Verschmelzung der beiden „Feuer der Materie" und deren Vereinigung mit den „Feuern des Geistes". Dabei ist im Sonnensystem die Erde die Geburtsstätte des Geistes als „*Befreier von der Mutter*" (Materie) und somit die Eingangspforte zu höheren Bereichen des

All-Bewusstseins. **Eben deshalb wird auch die Notwendigkeit betont, geläuterte, verfeinerte physische Träger aufzubauen**, weil im Sonnensystem allein **die Menschheit** der Träger des Bewusstseins ist und darum auch der Mensch an diesem Prozess mitbeteiligt ist. Und diese Beteiligung muss synchron vollzogen werden, was der vollkommenen Verschmelzung der universalen mit der kosmischen Energie dient, und zwar als Rückführung des Allbewusstseins zurück ins geistige Zentrum.

Dabei kann man sich das, was man *„Braune Zwerge"* nennt, (ähnlich den Elektronen im Zellkern) als die für alle Umstrukturierungen entscheidenden Module vorstellen. Darum wird ein solcher „Brauner Zwerg" auch das gesamte Sonnensystem durchwandern, um dessen gesamte Struktur dadurch zu verändern. Natürlich werden in diesem Prozess auch alte Strukturen „überholt", d.h. neu *„ausjustiert"*, und erhalten dadurch einen „neuen Anstrich", was zwangsläufig mit einer Zerstörung des Alten verbunden ist. Zwar wird dadurch kein Planet des Sonnensystems in seiner Grundstruktur verletzt, sondern immer nur tangiert, denn bei einer direkten Kollision oder Berührung mit einem „Braunen Zwerg" würde der „Zellkern" verletzt und zerstört werden. Aber es handelt sich um **einen Umwandlungsprozess, der das Bewusstsein**

des gesamten Sonnensystems höher potenzieren wird; und dafür muss auch die Trägersubstanz verändert werden. Eine mögliche materielle Zerstörung auf Erden ist hierbei sekundär, da die Veränderungen der Einstrahlungs-Qualitäten im Vordergrund stehen. Die Forschung spricht in diesem Zusammenhang von bisher „unbekannten astronomischen Phänomenen", oft von „dunkler Materie", die weder beweglich noch statisch, sondern als „Strahlenballung" zu verstehen sei. „Schwarze Löcher" und „Braune Zwerge" sind beide Verteilersysteme, die weder als „bewegliches Element" noch als „statisches Loch" zu verstehen sind. Diese Verteilersysteme sind an viele Entitäten im Kosmos angeschlossen; sie *erscheinen* nur beweglich, was aber lediglich ihre **Strahlungen** betrifft, die wiederum nicht sichtbar sind. Darum sind „Braune Zwerge" sehr schwer zu entdecken, weil sie kein Licht abstrahlen und recht kühl sind[86]. Der „Zwerg" ist lediglich ein **Umschalt-Modul**, dessen Strahlen gezielt auf Objekte im Sonnensystem gerichtet sind und dorthin gesendet werden.

---

86 Als **Braune Zwerge** werden in der Astronomie alle Objekte eingestuft, die unterhalb der Massengrenze für die Wasserstoff-Fusion und oberhalb der Massengrenze für die Deuterium-Fusion liegen. Ein Brauner Zwerg ist ein Himmelskörper, der mit einer Masse zwischen dem 13-fachen und 75-fachen der Jupitermasse eine Sonderstellung zwischen Planeten und Sternen einnimmt. (Wikipedia)

Diese höchsten Konzentrationen von Energien im Kosmos bieten auch eine mögliche Erklärung für das Vorhandensein sogenannter **„Schwarzer Löcher"** an: „Schwarze Löcher" gibt es an sich nicht, sondern das, was man so bezeichnet, sind hochfrequente Energie-Einströme aus anderen Dimensionen, die erst im Kosmos über *„Rotationen von ausgestrahlter Urenergie"* Gestalten aus Substanz bilden. Diese Urenergie befindet sich in der Mitte eines jeden „Rotationsstrudels", aus dessen Fliehkräften die „Materie" quasi herausgeschleudert wird. Erst die Reibung in der kosmischen Ätherhülle ergibt über Rotation Licht und Materie. Die in der Mitte einer Rotation befindlichen Energiezusammenballungen erscheinen quasi „schwarz", weil sie pure Energie sind. Über einen ungeheuren „Sog" wird einerseits „Materie" eingesaugt und andererseits über die „Reibung im kosmisch-ätherischen Ozean" Strahlung zu leuchtendem Licht aufbereitet – als Voraussetzung für die „Geburt" von Sternensystemen.

So wird die Urenergie, die aus der spirituellen Hierarchie ständig in den Kosmos einfließt, zu wirkenden und leuchtenden Strahlen. Es sind Strahlen-Sendungen aus höheren Dimensionen, die sich jetzt den Menschen erkennbar öffnen und damit bewusst auf die Menschheit einwirken. Sie sind nicht schwarz, sondern als pure Energie lediglich nicht über kosmische

Lichtstrahlung „leuchtend" wahrnehmbar. Und dieses Prinzip gilt gleichermaßen für den Makro- wie für den Mikrokosmos, und zwar im Atom genauso wie auch in einer Galaxie, in deren Mittelpunkten sich Strudel befinden, die sich über Rotationen zu Gebilden verdichten und die kosmisch sichtbare Schöpfung erzeugen. Diese Rotationsstrudel haben zwei Funktionen: Einerseits wird darüber Energie empfangen und andererseits Materie wieder zu Energie „verbrannt" – vorstellbar nach Art zweier Schlote, die Energie und Materie austauschen, wobei Energie und Materie im Ganzen immer gleich bleiben[87]; denn es geht nichts verloren. Es sind gleichsam große „Öfen", in denen Energien über Strahlungen zu Materie, und Materie wieder zu Energien verbrannt werden: Ausfluss der Energie in den Kosmos und Abfluss „abgebrannter" Energien aus der Materie zum Ursprung. Es gibt dabei keinen „Urknall" und auch keinen „Kältetod", sondern „Materie" löst sich über den Geist wieder auf, und umgekehrt materialisiert sich der „Geist" in einem ewigen Kreislauf.

---

87 Gesetz von der Erhaltung der Energie im Kosmos (Masse-Energie-Äquivalenz; Einstein)

DER KOSMOS ALS RAUMZEITLICHE DIMENSION IN EINEM MULTIDIMENSIONALEN UNIVERSUM

Im ewigen Kreislauf des Universums wird die Urenergie als „Licht" zur Materie zusammengeballt, um dann wieder „Licht" abzustrahlen. Diese Zustandsänderungen der „Raumenergie" werden im Kosmos als Prozesse empfunden, was zwangsläufig zur Vorstellung von Zeit und Raum führt. Es handelt sich dabei um den permanenten Ausfluss der Energie in den Kosmos und den entsprechenden ständigen Abfluss „abgebrannter"[88] Energien aus der Materie des Kosmos. Die Umwandlung selbst ist dabei nicht „messbar", aber die Wirkungen durchaus nachweisbar. Messbar sind immer nur die Folgen dieser Prozesse, die man als „radioaktive Wirkungen" an der allein physikalischer Messung zugänglichen Materie feststellen kann. Darum wird auch der unsinnige Versuch mit dem „Teilchenbeschleuniger" keine messbaren Ergebnisse erbringen.

Alle physikalischen Erklärungsversuche einer hinter der Materie wirkenden spirituellen Kraft führen in die systemimmanente wissenschaftliche Sackgasse und sind

---

88 Gesetz von der Erhaltung der Energie im Kosmos; es ist eine „Konstante" im Kosmos und nur dafür gibt es eine mathematische Formel.

somit hinfällig. Die Ausgießung des Urstrahls, der in der Tat alle Keime und Informationen der gesamten Schöpfung enthält, ist jener spirituelle Impuls, Rein-Geistiges in manifeste Sichtbarlichkeit hinein zu ermöglichen. Darum ist es notwendig, über die begrenzten physikalisch-irdischen Bedingungen hinaus immer an den ganzen Schöpfungsvorgang zu denken, in dem die kosmische Dimension nur ein sehr begrenzter Ausschnitt ist.

Die erste Umwandlung aus dem „Absoluten" in die „Relativität" des Kosmos ist **das Licht**[89]. Bereits das Licht ist im Kosmos ein „Geschaffenes" – und doch auch noch ein Geistiges, das sich in der Schöpfung manifestieren will. Licht ist die sichtbare Urenergie im Universum, die in den unterschiedlichen „Dimensionen" ganz erhebliche Brechungen erfährt, besonders im Kosmos bei der Umwandlung des Lichtes in Materie und wieder abstrahlbares Licht. Es ist jener ständige Übergang von Energie in Formgestaltung, von der Idee bis zur sichtbar wahrnehmbaren Materie in den unterschiedlichen Aggregatzuständen.

Auch Strahlen befinden sich in ständiger Zirkulation und sind der Ausdruck einer fortschreitenden und zyklischen Rotation von zunehmender Intensität. Von der

89 Marco Bischof, „Biophotonen – Das Licht in unseren Zellen"

Wirksamkeit dieser rotierenden Strahlen hängen daher Bestimmung, Gestaltung und Evolution ab. Denn Strahlen sind als Energie-Wirkungen nicht nur Kanäle, durch die alles Sein flutet, sondern auch Einflusskräfte, die nach einem bestimmten Plan an der gesamten Schöpfung mitarbeiten. Dabei ist jeder Strahl zugleich Empfänger, Verwalter und Sender verschiedenartig eingefärbter Energien. Strahlen bestimmen *„in Zeit und Raum"* vor allem die äußeren Erscheinungen im Kosmos, die für einen Träger dessen Wesensäußerung oder Ausdruck sind. Überträgt man dieses Prinzip ins Menschlich-Persönliche, so wird verständlich, dass in allen Religionen jede menschliche Persönlichkeit im Grunde genommen die Wesensäußerung eines spirituellen ätherischen Prinzips (Ätherleib) ist, **demzufolge jeder Mensch im Inneren mit anderen auch ursächlich seelisch verbunden ist;** denn ein jeder wird von den gleichen Energien belebt und steht ebenso mit allen kosmischen Kräften in Verbindung.

Daraus folgt, dass *„das Sichtbare"* nicht alles sein kann, was „wirklich" ist, sondern dass sich hinter allem Sichtbaren ein ungeheuer großer spiritueller Bereich befindet, von welchem ausgehend unaufhörlich „Überschreitungen" von Begrenzungen durch das **„Feuer der Radioaktivität"** bewirkt werden.

LITERATUR AUF EINEN BLICK

Anonymos ....Telepathie / Kommunikation der Zukunft

Assagioli, Roberto ....Psychosynthese / Junfermann

Augustinus ....Bekenntnisse

Aurobindo, Sri ....Die Synthese des Yoga / Hinder 1972

Avalon...............................Die Schlangenkraft / 2001

Bailey, Alice.......................Gesamtwerk / Genf 1932

Bauer, Ralph ....Musik als Zeitgestalt 1992

Bernhard von Clairvaux........Das Buch von den Stufen der Demut und des Stolzes/ St. Benno

Bhave ....Der innere Frieden

Bauer, Joachim   Warum ich fühle, was du fühlst / Heyne Verlag 2006

Bearden, Thomas ....Excalibur briefing 1980

Bischof, Marco ....Biophotonen / Zweitausendeins

Bohm, David.......................Wholeness and implicate order / London 1980

Bonaventura ....Soliloquium / Kösel Verlag Kempten 1958

Bunyan, John ....Die Pilgerreise Oesch Verlag

Capra, Fritjof......................Das Tao der Physik

Chardin, Pierre Teilhard de ...Die Entstehung des Menschen / C. H. Beck 1981

Davies, Paul ....Gott und die moderne Physik / Bechermünz Verlag

Dionysius Areopagita ....Die Hierarchie der Engel / München 1957

Dürr, Hans Peter.................Physik und Transzendenz / Scherz

Eddington, A. ....Physik der Transzendenz 1931

Fechner, Gustav Theodor......Elemente der Psycho-Physik / 1887

Frisell, Bob ....Aus der Zukunft in die Gegenwart

Gabriel, E...........................Ein integrales Weltbild / München 1991

Gebser, Jean ....Ursprung und Gegenwart / Novalis Verlag 1979

Goldberg, Philip..................Die Kraft der Intuition 1995

Goswami, Amit...................Das bewusste Universum 2007

Grof, Stanislav ....Geburt, Tod und Transzendenz / rororo

Hartmann, Nicolai ....Ästhetik / München 1951

Hasselmann, Varda ....Archetypen der Seele

Häberli, Gerhard ....Die Einheit von Kosmos, Atom und Geist / Cosat-Verlag

Heim, Burkhard ....Elementarstrukturen der Materie / 1986

Heisenberg, Werner ....Physics and Beyond / New York 1971

Hildegard von Bingen ....Der Mensch in der Verantwortung / Otto Müller Verlag

Hierzenberger, Gottfried ......Erkundungen des Jenseits - Der Blick auf die andere Seite der Wirklichkeit

Jasmuheen (Ellen Greve) ......Lichtnahrung

Kant, Immanuel ....Praktische Vernunft

Krause, Helmut Friedrich ......Der Baustoff der Welt / edition dionysos

Lawrence, T.E. ....Tagebuch von drüben Ansata-Verlag

Lersch, Philipp ....Aufbau der Person / München 1953

Lorber, Jakob ....Das große Evangelium Johannes / Bietigheim 1981

Ludwiger, Illobrand von ....Die Erforschung unbekannter Flugobjekte

Maharshi, Ramana ....Seine Lehren / Kailasch Buch

Manning, J. ....„Löcher im Himmel" Verlag 2001

Meckelburg, Ernst ....Transwelt / Langen Müller

Nidle, Sheldon ....Der Photonring / Falk Verlag

Opitz, Christian ....Unbegrenzte Lebenskraft durch Tachyonen 1996

Ouspensky, P.D. ....Auf der Suche nach dem Wunderbaren / München 1978

Planck, Max ....Where is science going? / New York 1932

Popp, Fritz-Albert ....Biophotonen 1984

Rohr, Richard; Ebert, A. ....Das Enneagramm / München 1990

Russel, Walter ....Radioaktivität – das Todesprinzip in der Natur

Sens, Eberhard ....Am Fluss des Heraklit / Insel Verlag

Schrödinger, Erwin ....Was ist Leben? 1987

Sheldrake, Rupert ....Engel – die kosmische Intelligenz / München 1998; Das schöpferische Universum

Stein, Edith ....Gesamtwerk

Sutton, Christine ....Raumschiff Neutrino / Birkhäuser

Swedenborg, Emanuel ....Himmel und Hölle / Zürich 1977

Theos, Bernhard..................Hatha Yoga Günter Verlag

Thomas von Aquino ....Die menschliche Willensfreiheit / Düsseldorf 1954

Tipler, Frank J......................Die Physik der Unsterblichkeit dtv

Therese von Avila ....Der Weg zur Vollkommenheit;
Die innere Burg / Zürich 1979

Treumann, Rudolf ....Die Elemente / Hanser 1994

Underhill, Evelyn ....Mystik / Bietigheim 1928

Upanishaden......................Dietrichs Gelbe Reihe

West, John A. ....Die Schlange am Firmament / Zweitausendeins

Wheeler, A..........................Das Licht in unseren Zellen

Wilber, Ken.........................Halbzeit der Evolution / Fischer 1998

Yukteswar, Sri ....Die Heilige Wissenschaft / O. W. Barth 1976

Zoev Jho ............................E.T.101 / Zweitausendeins